LES REVENANTS DE LA BEAUCE

Paul Jacob

LES REVENANTS DE LA BEAUCE

LES ÉDITIONS DU BORÉAL EXPRESS
C.P. 418, Station Youville, Montréal

Maquette de couverture: Claude Robinson
Illustrations: Michel Pelchat
Photos: Jean Lavoie, Michel Pelchat et Julie Tardif

ISBN-0-88503-064-8

Dépôt légal: 4e trimestre 1977
Bibliothèque nationale du Québec

AVANT-PROPOS

Un long cheminement m'a conduit à vouloir entreprendre une étude sur les revenants de la Beauce québécoise. Il me faut d'abord souligner que des racines beauceronnes ont probablement constitué le premier ferment de ce goût profond pour le folklore. Faisant en effet partie d'une famille et d'un milieu qui ont conservé précieusement les valeurs traditionnelles, il ne m'a pas tardé de m'interroger sur la symbolique des coutumes qui jalonnent la vie populaire. Plus tard, au cours d'études en civilisation canadienne, à l'université Laval, de nombreuses enquêtes menées sur le terrain m'ont fait constater la richesse du patrimoine culturel beauceron. C'est alors que j'ai découvert le thème de la mort, qui alimente les récits traditionnels et les chansons populaires de mon coin de pays.

Par ailleurs, ce goût du folklore et de la tradition orale s'est intensifié au contact du Père Germain Lemieux, de l'Université de Sudbury; avec lui, j'ai également approfondi les principes et les méthodes du folklore. Faut-il ajouter à cela l'importante contribution de mon expérience d'enseignant dans la Beauce; de nombreux étudiants issus du même milieu que moi, et également passionnés de retrouver leurs sources, m'ont grandement aidé à découvrir la vivacité de la culture traditionnelle dans la Beauce. A travers un dossier de quatre mille fiches de faits folkloriques, recueillis par ces étudiants "modernes", se détachait, en leitmotiv, le thème de la mort, personnifié par ces revenants qui ont visité si souvent les familles de la Beauce.

Pour mener la présente étude, j'ai été encouragé et stimulé par Monsieur Jean Du Berger; il a su me diriger habilement, avec beaucoup de sagesse et de tact. C'est aussi grâce à lui si j'ai arrêté mon choix définitif sur les revenants de la Beauce québécoise, un sujet pour lequel Monsieur Du Berger a beaucoup d'affinités. Il suffit d'avoir assisté à un de ses cours pour s'en persuader! Ma reconnaissance est grande à l'endroit de ce maître et ami. Je ne voudrais pas oublier non plus ceux par qui ce travail, de près ou de loin, a pu être réalisé. L'apport du Père Germain Lemieux fut considérable, comme celui, aussi, de mes confrères de maîtrise, qui n'ont jamais ménagé leurs conseils à un pauvre professeur qui semblait ne jamais avoir fréquenté l'Université...

Je n'oublie pas non plus, bien sûr, mon frère René, toujours présent à l'œuvre qui se bâtissait lentement, infatigable lecteur et correcteur; une amie beauceronne, aussi, qui a œuvré dans l'ombre, ainsi qu'une secrétaire plus que patiente, Mme Nicole Quesnel.

Enfin, un hommage spécial à ceux et celles de mon pays que j'ai écoutés — pour emprunter une image de Mgr Félix-Antoine Savard — comme un écolier à leur école. En généreux Beaucerons, ils m'ont donné cette brassée de récits avec lesquels j'ai vécu des heures inoubliables. A vous, Monsieur Léonce Vachon, mon informateur le plus prolifique, et qui me parlez aujourd'hui en leur nom, un merci des plus sincères! Je n'ai pas fini de vous entendre!

P. J.

PRÉFACE

Je vous le dis, il n'est pas facile de préfacer le travail de Paul Jacob, beauceron authentique, dont la famille habite les bords de la Chaudière depuis bientôt 200 ans et dont l'ancêtre, Étienne Jacob, fut notaire royal et juge de la côte de Beaupré à la fin du XVIIème siècle. Elle n'est pas facile, parce qu'en abordant le merveilleux, on entre en terrain inconnu, là où tout est mouvant et fluide. Terrain fécondé par la croyance religieuse d'une part mais aussi par la fantaisie de l'imagination. Les récits qui en découlent tiennent souvent lieu de littérature : quelle poétique création que ce pommier qui fleurit dans la neige! Ils répondent aussi à ce besoin fondamental qu'éprouvent les hommes d'apprivoiser la mort. En la frôlant, du ciel et de l'enfer montent les revenants, les connaissances et les apparitions. Leurs manifestations bizarres, particularisées selon la sensibilité de chacun, deviennent des "réalités" éprouvantes dont il faut se libérer en les racontant. A moins qu'on ne s'en serve pour défendre ses intérêts, se payer la tête de quelqu'un. Ou les deux à la fois, comme il advint un jour.

J'avais sept ans. J'allais dans la grange du voisin y observer les moeurs et coutumes des renards qu'il y élevait. Malgré l'interdiction formelle qui m'était faite, j'allais surtout assister à la mise bas des femelles, ce qui énervait les bêtes qui, pour protéger leurs renardeaux du danger que j'étais, les dévoraient. J'y allai jusqu'à ce jour mémorable autant que terrifiant où j'entendis, venant du fenil, une voix sépulcrale demandant "des messes pour le repos de mon âme'' et ajoutant qu'''une messe chantée serait préférable à cinq basses messes''.

Je sus beaucoup plus tard que ce revenant effronté qui imposait ses volontés, allant ainsi à l'encontre de l'éthique habituelle, était mon vieux voisin, fin renard lui-même, qui protégeait d'astucieuse façon le rendement de sa ferme d'élevage.

Je m'amusai beaucoup d'élucider enfin ce mystère de mon enfance, d'éclaircir les circonstances qui avaient entouré l'événement et qui me semblait de plus en plus douteux au cours des ans. J'étais devenu quinquagénaire, plutôt incrédule pour ne pas dire mécréant. Nous recevions la grande famille à la maison, c'est-à-dire ce qu'il me reste encore de tantes et d'oncles. La propension à l'accroissement étant maintenant dévolue aux branches généalogiques latérales, les cousins et cousines l'emportaient de beaucoup quant au nombre.

Une petite fête gentille que nous voulions sans apprêts et dont le but était de remettre à tous et chacun un exemplaire d'une histoire de famille écrite par deux de ses membres : mon père et l'oncle Émile. Nous étions tous là, assemblés autour d'une table où étaient empilés les livres.

Sur le faîte du monticule, nous avions placé un portrait de l'aïeul, vieillard au visage doux, au regard un peu triste, non, plutôt las d'avoir beaucoup travaillé. Quelqu'un, sans doute ému dit, en pointant du menton : ''Vous pensez pas qu'il serait heureux d'être ici avec nous.''

A peine avait-il terminé sa phrase qu'un bruit éclate, aussi violent qu'imprévu. Une ampoule électrique, en volant en mille morceaux, avait propulsé la lampe qui culbuta sur le plancher d'une chambre où personne ne se trouvait. Une stupeur générale immobilisa l'assemblée, la rendit muette et, dans le silence même qui suivit, on entendait la voix du plus âgé : ''Il est peut-être parmi nous.'' Je ne prouve rien, je raconte. Un peu comme le fait Paul Jacob, avec cette différence que lui ne prend aucune apparition à son compte!

Il nous livre un travail intéressant qui suppose beaucoup d'efforts, de compétence, mais aussi beaucoup de sensibilité et d'attachement au peuple beauceron. Son livre surprendra, en étonnera plusieurs qui demeureront rêveurs.

Pour moi, ces récits naïfs où entre une grande part de subjectivité me prouvent que l'homme craint la solitude. Il ne veut pas limiter son espace au seul lieu qu'il habite. Son inconscient lui suggère, par delà le concret de ses occupations quotidiennes, de rechercher le merveilleux qui rejoint le sacré. Paul Jacob a fait un bon travail d'ethnologue. Il appartient aux psychologues et aux théologiens d'examiner la problématique de tout cela.

Robert Cliche

INTRODUCTION

Le légendaire du Canada français éclate de vie. Et, à travers ses multiples thèmes, se dégagent en filigrane les émotions et les rêves que le peuple a traduits avec toute sa spontanéité et son génie. Aussi la tradition orale de chez nous véhicule-t-elle encore aujourd'hui de nombreux récits qui répondent à des croyances actives et fécondes, et où s'animent des acteurs aussi diversifiés que l'abondante imagination de ce peuple.

Ainsi, on ne saurait vivre longtemps avec le peuple beauceron sans être frappé des mystérieuses révélations qui habitent son âme et qui sourdent parfois dans des récits plutôt terrifiants. Au chapitre particulier des personnages fantastiques qui meublent encore ses peurs, à l'heure du crépuscule, au moment où l'on entre en soi-même, surgissent à la frange de la mémoire des jeteux de sorts, des diables de tout acabit, des loups-garous, des feux-follets et des lutins. Cependant, l'âme du peuple beauceron semble avoir gardé de façon encore plus vivace l'image de la mort, une des trames les plus résistantes de sa religion. Cette trame, elle trouve son expression principale dans les nombreux récits qui alimentent le légendaire beauceron sur la mort. Autant de faits vécus ou connus par ouï-dire, autant d'anecdotes de revenants ou de *connaissances*[1] nous ont ramené à la projection du désir humain d'échapper, comme l'artiste, au temps qui fuit, de lutter contre la mort, de refaire le temps en allé.

---

1. *Connaissances* : Sensations diverses qu'un humain perçoit en présence d'un trépassé. C'est dans ce sens que nos informateurs emploient ce mot au cours de nos enquêtes.

Cette démarche de l'homme universel, elle s'est concrétisée pour nous lorsque, pendant près d'un an, nous avons été à l'écoute de ce que pouvait être "le chapitre, l'inévitable, le passionnant chapitre de la mort et des morts[2]" dans la Beauce. Il a suffi pour cela d'entrer chez un ouvrier, un jeune comptable, un paysan, un instituteur, un couple âgé, voire même un étudiant, pour apprendre avec un peu d'étonnement que la croyance au retour des morts fut et est encore vivace dans la Beauce. Et qu'elle est transmise par le biais de récits locaux bien circonstanciés dans le temps et dans l'espace, animés par des gens que chacun a bien connus parce qu'ils sont le plus souvent nos familiers, ceux qui représentent pour nous des images sécurisantes : un père, une mère, une tante, un voisin, un fils, une fille. Des revenants non fictifs, donc; des revenants qui ont meublé la continuelle intimité de notre vie; des revenants qui nous ont rappelé la vie traditionnelle de la Beauce, forte de ses meilleures racines ancestrales; des revenants par le biais desquels s'actualise le phénomène de la mort, inexplicable mais voulant être expliqué.

Le vaste territoire de la Beauce, avec sa vallée, ses plaines et ses côteaux, ne nous permettait pas d'explorer à fond cette facette aussi étendue que le monde populeux des revenants. Aussi notre enquête, amorcée en 1972, dans le cadre d'un cours général de folklore à des étudiants d'une école secondaire de Beauce, fut-elle orientée d'abord auprès des familles connues par l'intermédiaire de ces étudiants. Ici et là, en effet, à travers un dossier de faits folkloriques recueillis, de 1972 à 1974, par des élèves de Secondaire V, surgissaient des récits de revenants qui nous menèrent par la suite, de novembre 1974 à juin 1975, dans les villages et les rangs de huit paroisses de la Beauce choisies arbitrairement: Sainte-Marie, Saint-Joseph, Beauceville, Saints-Anges, Saint-Frédéric, Tring-Jonction, Saint-Séverin et Vallée-Jonction. A l'intérieur de ce territoire, nous avons rencontré, au rythme de deux ou trois visites par semaine, un nombre de soixante-sept informateurs dont l'âge s'échelonne de vingt-cinq à quatre-vingt-douze ans; à ces informateurs, ren-

---

2. Anatole Lebraz, *La légende de la mort*, Paris, Librairie Ancienne et Éditions Honoré Champion, 1945, t. I, p. L.

contrés à leur foyer, s'ajoutent une vingtaine d'étudiants qui
ont livré les récits recueillis par leurs propres enquêtes. Ce précieux apport ne pouvait être passé sous silence.

Ce qu'ils ont en commun, la plupart de ces gens, issus d'un
même milieu géographique et humain, c'est de relater avec foi
et sincérité toutes ces manifestations de trépassés qu'ils regardent comme naturelles et normales, tantôt parce qu'ils les ont
vécues eux-mêmes, tantôt parce qu'une personne digne de foi
les leur a racontées. Et rien ne saurait mieux décrire nos informateurs beaucerons que ces mots:

> Pour atteindre à une espèce de grandeur tragique, le
> conteur de légendes n'a donc qu'à se livrer en toute
> simplicité d'âme aux fortes impressions qu'il a le premier
> reçues des choses qu'il raconte : sans le vouloir et sans le
> savoir, il crée de la beauté[3].

Aussi ne nous sommes-nous jamais lassés d'entendre des récits dont le canevas général demeurait sensiblement le même
d'un informateur à l'autre, mais qui s'animaient presque
chaque fois d'un aspect de vérité susceptible de nous faire partager la crédibilité du narrateur. Cet aspect de vérité, il fut per-
çu de multiples façons au cours des rencontres chaleureuses
avec les Beaucerons: leurs récits, par exemple, le plus souvent
racontés avec désinvolture et privés de cette fougue qu'on at-
tendrait pourtant d'une histoire de trépassés, deviennent parfois empreints d'une religieuse gravité qu'expriment bien les si-
lences éloquents d'un paysan ou le recueillement qui entoure sa
narration. Mais, chaque fois, le narrateur vit son émotion et la
fait passer dans son attitude extérieure parce qu'il a été touché
au plus vif de son être. Aussi peut-il imprimer à son récit tout le
frisson de sa personnalité. Nos enregistrements témoignent
d'ailleurs de cette assertion.

Ce n'est toutefois pas sur ces éléments de crédibilité que
reposera l'étude des cent soixante-quinze textes de prose populaire que nous avons recueillis dans la Beauce, et qui s'intègrent
au corpus de la littérature orale du Canada français. Bien des
pistes de recherches nous étaient offertes lors du dépouillement
de ce matériel relatif aux revenants de la Beauce québécoise.

---

3. *Ibid.*, pp. LIII - LIV.

Ainsi, d'une part, la situation de ces récits dans la pensée religieuse catholique offrait une intéressante hypothèse : le catholicisme a apprivoisé les morts et a fait d'eux, en vertu du dogme de la communion des saints, des êtres non agressifs de qui on peut se rapprocher. Il a semblé plus honnête de ne pas approfondir une question aussi délicate et pour laquelle nous n'avions pas la préparation adéquate. Par ailleurs, il nous aurait fallu réunir un plus grand nombre de données ou restreindre celles-ci à une localité déterminée. D'un autre côté, l'étude des revenants dans la Beauce aurait pu adopter une autre tangente : celle reposant sur les distinctions fondamentales qui ressortent des deux types de documents recueillis; ceux originant de légendes et ceux qui trouvent leur point de départ dans des incidents identifiables. Ce deuxième aspect de recherche nécessitait un corpus moins quantitatif que le nôtre.

Les cadres de notre enquête et les limites du travail nous incitaient à des vues plus modestes, mais tout aussi enrichissantes et, en même temps, scientifiques. C'est la raison pour laquelle nous avons cru bon de dégager la couleur propre des revenants beaucerons, en faisant ressortir dans cette étude les principales constantes qui émergent de ces récits. Pour y arriver, il nous a fallu dépouiller systématiquement un corpus de deux cents récits; de ce nombre, cent soixante-quinze ont été retenus dans l'analyse et vingt-trois d'entre eux figurent à la fin de cet ouvrage. Les vingt-cinq récits extraits de l'analyse semblaient parfois trop fragmentaires ou relataient des avertissements de mort à distance (ou présages de mort).

Ainsi donc, les trois chapitres de notre étude viseront à analyser par thèmes le corpus recueilli. Dans un premier temps, nous étudierons les manifestations perceptuelles du trépassé. Un second chapitre nous permettra de savoir les lieux et les temps propices à ces manifestations d'outre-tombe. Enfin, nous nous attarderons, dans un troisième temps, à dégager les finalités de ces manifestations.

Faudrait-il souligner, en dernier lieu, que cette analyse thématique n'a pas voulu négliger la présence humaine de l'informateur, qui forme la vraie toile de fond de notre étude.

LES
MANIFESTATIONS
DU TRÉPASSÉ

Qui pense revenant voit défiler sous ses yeux l'image stéréotypée que la tradition lui a léguée : un être mi-fantômatique mi-vivant, un spectre en feu, un fantôme enchaîné, une personne qui sème la frayeur, la crainte, ou qui vient troubler le sommeil des vivants. Pourtant, à l'analyse des cent soixante-quinze versions recueillies dans la Beauce, l'importance du fantôme ou des spectres s'est avérée minime face à la multiplicité des formes matérielles choisies par le trépassé pour se révéler aux vivants.

Le revenant, en effet, est animé d'une très grande mobilité; et quand il est en quête de prières ou qu'il exige de quelqu'un la réalisation d'une promesse, il déploie une imagination sans borne. Le premier chapitre que nous consacrons à l'étude des revenants dans la Beauce veut d'ailleurs situer le caractère multiforme ou l'extrême variété des manifestations extérieures du défunt. Nous apprendrons ainsi que le témoin prend contact avec le revenant à travers les perceptions sensorielles de l'ouïe, de la vue, du toucher et de l'odorat. A la lumière des versions les plus caractéristiques de notre corpus, nous découvrirons donc comment se matérialisent ces *connaissances* dont les informateurs beaucerons ont été à la fois témoins et victimes.

1. Perceptions auditives

Si les perceptions de l'ouïe font d'abord l'objet de notre attention, c'est que les bruits sont le média de prédilection des revenants. En effet, dans quatre-vingt-douze versions, c'est le bruit qui annonce la présence du revenant. Devant l'étendue d'une telle rubrique, nous avons ainsi cru bon de distinguer les sons purs, constituants du langage parlé, des bruits, qui sont perçus comme faisant partie du langage des choses.

Manifestations verbales

Bien que représentant une faible minorité dans l'ensemble de notre cueillette (15 versions), les sons émis par les trépassés s'y détachent de façon assez particulière et ne manquent pas de couleur. Le plus souvent, la voix se matérialise dans des mots surgis mystérieusement et qui jettent le vivant dans une confusion indéfinissable, puisque la voix jaillit seule, sans être accolée à une apparition. Ainsi, en pleine nuit, un défunt vint parler à son frère dans ces mots abrégés et remplis d'insinuation : "Paul, si tu savais... si tu savais![1]". Dans un autre récit, une dame de Beauceville, Mme Armand Bolduc, nous rappelle qu'elle fut longtemps importunée par la voix implorante d'un dénommé Chabot qui avait travaillé à son service. Alors qu'elle récitait le chapelet, Mme Bolduc était tenaillée par la voix de cet homme: "prie pour Chabot, dis ton chap'let pour Chabot! I' m'disait *tehours* ça...", souligne l'informatrice.

Une autre voix suppliante surgit dans un des récits de Monsieur Léonce Vachon de Saint-Joseph; ici, cependant, nous sommes en présence d'une voix substituée (faux revenant) qui s'écrie de façon chevrotante : "Goth! Goth! Quand on prend une *job*, on la *rajeuve*'. Si c'ést pas dans c'monde icitte, c'est dans l'autre monde!" Beaucoup plus dramatique et lourde de sens est cette autre voix d'une religieuse qui, vouée à l'enfer, vient dire à ses consœurs : "priez p'us pour moé, j'su's damnée! C'ést pour rien, vous pardez vot'temps!" Nous ne pouvons taire, non plus, les trois récits dans lesquels un braillard, qui a déplacé les bornes d'un terrain, implore en ces mots le secours des passants: "Où la mettrai-je? Où la mettrai-je?"

---

1. Pour ne pas alourdir inutilement la lecture, nous avons omis d'indiquer en bas de page les références aux récits cités dans le texte. Le lecteur intéressé pourra consulter notre thèse de maîtrise déposée au Centre d'études sur la langue, les arts et les traditions populaires de l'Université Laval; on y trouve en appendice les cent soixante-quinze récits retenus.

Voix qui parle, mais voix qui sait prier, aussi. Monsieur Valère Roy, de Vallée-Jonction, s'étonne encore d'avoir été réveillé en pleine nuit par des gens qui récitaient le chapelet : "un disait l'chapelet, une *gang réponnait* [répondait]!" Ce dernier témoignage pourrait s'allier à celui d'une autre personne, qui fut ennuyée par les voix de deux statues communiquant par la prière.

La voix peut aussi prendre la forme de pleurs, de geignements ou de lamentations. Il est étonnant de constater que deux seules versions se rangent sous cette rubrique pourtant bien propre à notre schéma mental des fantômes. Il s'agit d'abord du récit de Mme Liguori Leblond, de Sainte-Marie, dont la mère fut témoin de manifestations effrayantes, quand "ça s'est mis à s'lamenter en arrière du poêle!" Une informatrice de Beauceville connut une émotion semblable au cours de l'hiver 1975; mais celle-ci fut amplifiée par d'autres manifestations qui survinrent en même temps au cours d'une soirée.

Ces voix gémissantes s'incorporent au légendaire canadien-français qui regorge de récits à l'intérieur desquels les revenants font entendre des plaintes lamentables. Marius Barbeau, dans l'*Arbre des Rêves*, évoque particulièrement le "pleureux de l'anse-pleureuse", qu'il présente dans le chapitre intitulé *Gaspésiades* :

Le Braillard, sorti du lac, grimpait la montagne en beuglant comme un taureau enragé. Ces beuglements se sont répétés souvent, depuis, surtout dans la montagne. Ça donne la chair de poule rien que d'y penser...[2]

A côté de ces voix qui parlent, prient ou pleurent, nous trouvons d'autres variantes, dont cette voix haletante perçue par Monsieur Armand Jacques, de Tring-Jonction, alors qu'il se trouvait dans la grange : "Une personne essoufflée, ou un chien essoufflé, un gros *respir* [...] j' m'en allais dans un coin, ça respirait dans l'autre!" Cette respiration devient sifflante dans la version de Mme Wilfrid Vachon de la même localité,

---

2. Marius Barbeau, L'*Arbre des Rêves*, Montréal, Les Éditions Lumen, 1947, p. 178.

qui nous dit: "Vers l'heure que j'avais dit de m'réveiller, là, ça m'a *silé* dein z'oreilles..."

Une seule version évoque une voix qui s'exprime par le chant. Elle relate que deux jeunes hommes, au retour d'une veillée, entendirent chanter le libéra dans la grange; aux dires de l'informateur, "c'était la voix du grand-père décédé, qui était chantre à l'église". Cette variante suscite dans notre esprit le rappel d'une des plus belles légendes d'Amérique française que nous trouvions en Acadie :

> Depuis environ six ans, on entend, dans toutes les chapelles acadiennes de l'isle Saint-Jean, celle de la baie de Fortune excepté, des voix ou plutôt une voix tantôt chantante et tantôt souriante dont plusieurs personnes se trouvent singulièrement affectées [...] La voix chantante est celle d'une femme ou d'un enfant qui se fait entendre au-dessus de celles des chantres, car c'est pendant que l'office se chante que l'on entend cette voix glapir [...] Tous les assistants n'entendent pas cette voix en même temps; ceux qui l'ont entendue un dimanche dans une église ne l'entendent pas toujours dans une autre église, ou le dimanche suivant. Il en est qui ne l'ont jamais entendue. Quelquefois, elle est entendue d'une personne et ne l'est pas d'une autre personne placée dans le même banc[3].

Enfin, nous ne retrouvons aussi qu'un seul exemple d'un dernier son, très bizarre, entendu par un dénommé Doyon occupé à *courir les érables*; trois jours d'affilée, au même endroit, le *sucrier* entendait crier la corne qu'il avait déposée, dans sa *cabane à sucre*, sur une grosse cuve. Et pourtant, la cabane était bien déserte. C'est donc dire, suivant le témoignage de Mme Agenor Labbé, que la corne criait toute seule...

Manifestations sonores

Les manifestations sonores par lesquelles les revenants beaucerons signalent leur présence (75 versions) proviennent tantôt

---

3.   Joseph-Octave Plessis, *Journal de 2 voyages apostoliques*, cité dans Jean Duberger, *Les Légendes d'Amérique Française*, pp. 57-58.

du mobilier de la maison ou des annexes de celle-ci, tantôt des pièces de la maison ou des dépendances; ce sont aussi des bruits effectués avec les pieds ou les mains, des bruits de chaînes, des bruits naturels et, en dernier lieu, des bruits que nous avons classés sous la rubrique "divers".

Les bruits provenant du mobilier de la maison ou des annexes de celle-ci forment un riche répertoire, autant par leur élément quantitatif (27 versions) que par la variété ou le caractère insolite des variantes qui y sont englobées. Nous nous retrouvons ici devant les bruits les plus cocasses provenant des meubles, des appareils de la maison et de la vaisselle.

Le mobilier de chambre, en l'occurence le lit, exerce chez le revenant un certain attrait (7 versions). Si l'on envisage le fait que les connaissances arrivent la nuit, il est normal que le lit — cadre le plus souvent physique du sommeil — soit le premier objet que le revenant utilise pour se manifester. Les *connaissances* qui l'entourent revêtent le même caractère, formulé dans des expressions dont nous énumérons les plus fréquentes : "ça grattait après l'pied d'son lit'!", "ça cognait à la tête de son lit", "ça gratté dans l'lit'!" Ces simples avertissements prennent parfois plus d'ampleur; le lit peut alors se mettre à branler, à secouer. Il faut souligner ici la réaction des deux jeunes filles qui furent éveillées par ces agitations répétées de leur lit. L'une d'elles dit alors à sa soeur : "Laisse-les danser, *câlice*, i's veulent nous endormir!" Les bruits, d'une durée d'une heure le premier soir, se répétèrent le lendemain pendant plus de sept heures et s'accentuèrent au point que les couvertures furent projetées hors du lit.

La cuisine connaît aussi des *cabas* semblables. Dans la version de Luce Jacques, de Tring-Jonction, semble-t-il que les battants d'une table se déchaînèrent soudainement et se mirent à claquer à intervalles réguliers, sans qu'aucune main ne les poussât. A l'audition de ce bruit, Mme Damas Dubé, qui a vécu le fait, se serait écriée : "Damas, si c'est toé, cogne encore plus fort!" La réponse lui parvint sur-le-champ : les battants heurtèrent la table au risque de se fendre. Dans une autre version, avec quelle stupéfaction Monsieur Auguste Poulin, de Saint-Joseph, constata-t-il, en pleine nuit, que "toutes lés chaises s'étaient ramassées d'un paquet p'is un train!"

Mme Thomas Lessard, de la même localité, relate un récit où se produit une manifestation similaire, puisque "toutes les chaises se tassaient d'une rangée et revenaient..."

C'est enfin le piano qui a retenu notre attention dans l'étude descriptive des bruits originant des meubles de la maison. Sur les deux versions qui évoquent des *connaissances* reliées à ce meuble de salon, l'une a été classée sous la rubrique de faux revenant, puisqu'on ne tarda pas à découvrir le mot de l'énigme en ouvrant la porte de l'appartement : le chat était grimpé sur le clavier. Dans l'autre récit, un peu plus mystérieux, on prétendit qu'il s'agissait d'un "enfant de trois ou quatre ans qui était tout seul dans la chambre à la noirceur [...] qu'a traversé la maison bord en bord p'is i' a été rouvrir le piano, i' a joué p'is i' a r'tourné s'coucher".

Aux meubles de la maison, il faut joindre certains appareils (10 versions) autour desquels gravitent plusieurs énigmes. L'horloge est plus fatidique que tout autre. Tantôt elle choisit la nuit de Noël pour sonner sans interruption pendant dix minutes; tantôt elle fait entendre "un son étrange dans la maison". Deux autres récits soulèvent chez les personnes concernées des sentiments contradictoires; alors que les femmes Mathieu de Beauceville sont saisies de frayeur en entendant les trois tintements d'une vieille horloge qui n'avait aucun mouvement, Antoine Lachance, lui, éveillé par le son d'une horloge qui n'avait jamais donné signe de vie, s'écria, en colère, à l'endroit du défunt fabricant de l'appareil : "*Cré* bougue! quand t'avais bon pied, bon oeil, t'étais pas capable *d'l'arranger!* B'en, *astheure, sacre ton camp*". Enfin, autre situation inhabituelle, celle d'une horloge qui sonnait cinq coups chaque matin, alors que l'informateur précise bien qu'il n'y avait ni horloge ni cadran dans la maison qu'il habitait alors.

Trois autres appareils entrent magiquement en opération dans nos récits: il s'agit d'une *centrifuge*, d'un métier à tisser et d'un appareil radiophonique. Au sujet de ce dernier, Daniel Groleau, de Saint-Jules, relate qu'un dénommé Lessard "entendait quelqu'un qui jouait après l'radio. Tout à coup, ça s'arrête sur une musique morte. C'ta musique-là, ça a duré à peu près deux bonnes minutes. Après ça, l'radio s'ést r'fermé!"

Enfin, dans l'analyse des bruits provenant du mobilier de la maison, nous avons cru bon intégrer ceux qui ont trait à la vaisselle. Tantôt, un fanal explose subitement en mille miettes, tantôt une tasse incassable, bien rangée dans l'armoire de la cuisine, se fracasse mystérieusement. Ailleurs, "la vaisselle brassait d'un bord et de l'autre dans le *boiler*". Pour sa part, une dame de Beauceville dut se rendre à l'évidence qu'elle avait bel et bien des *connaissances* quand, après avoir reçu un coup de poing à la tête, elle entendit du brassage dans l'évier de la cuisine.

Le mystère enveloppe tout autant les *connaissances* lorsque les bruits proviennent de la maison ou des dépendances (14 versions). Qu'il s'agisse de cette porte qui se ferme violemment, "*pareil comme* si i' avait venté *effrayant!*"; qu'il s'agisse de ces volets de chambre qui s'ouvrent et se referment par une journée calme; qu'il s'agisse de cette vitre qui devient tessons, "pareil comme si l'avaient eu *fricassé*", on dirait que les pièces de la maison sont là pour témoigner de la venue des *connaissances*. Et les visites imprévues s'accumulent l'une sur l'autre : des gens de Saint-Pierre de Broughton entendent frapper sur le plancher", "pareil comme si ça eût été une claque"; à la suite d'une partie de cartes, chez Monsieur Darie Bisson, de Vallée-Jonction, la galerie de la maison devient le centre du chahut, comme en atteste cette parcelle de récit : "'i' a parti une boîte *sus* 'a galerie; i's la traînaient pareil comme si i's avaient eu traîné un *char*; ça te m'nait un carnage!" Ou c'est le grenier qui s'anime ainsi : "'i' entendait traîner comme dés *traînes de roches* dans l'grand grenier p'is i' entendait décharger dés roches". Bruit étrange aussi que celui d'un baril de farine dont le roulement fait s'écrier un paysan de Saint-Joseph: "Mort ou en vie, parle, icitte!"

Les toitures de la maison, de l'étable ou de l'église ont elles aussi leur mot à dire dans la panoplie des bruits engendrés par le revenant (4 versions). Il nous faut rappeler ici le récit que Monsieur Armand Jacques, de Tring-Jonction, tient de son père Augustin. Ce dernier, éprouvé par la mort de sa femme, fut rassuré de son sort quand, agenouillé aux pieds de l'autel de la Vierge, il entendit un vacarme "*pareil comme* si l'église i'' avait eu écrasé sus l'dos''. Sa femme Georgianna venait l'assurer qu'elle était désormais au ciel.

Trois autres récits viennent s'incorporer aux bruits provenant des pièces de la maison ou des dépendances. Dans l'un d'eux, une informatrice de Beauceville raconte que "ça grattait tout l'temps quante i's s'couchaient après leu' mur''; une deuxième anecdote décrit "une boule qui part 'un bord à l'aut' du plancher. La boule passait p'is a sautait pas par-dessus les *pièces*. A roulait égal... rrr...'' La troisième version implique un faux revenant et fait ressortir la stupeur de deux femmes victimes de l'imagination d'un paysan fort habile dans l'art de jouer des tours.

Un autre type de manifestations sonores se retrouve dans les récits que nous avons dépouillés; il s'agit en l'occurence de bruits effectués avec les pieds, et dont la perception se manifeste clairement. Viennent d'abord des pas réguliers (6 versions), absents de toute tonalité, et dont le caractère se traduit ainsi dans la bouche de l'informateur beauceron : "ça marchait dans chambre'', "*pareil comme* quelqu'un te suit'', "*pareil comme* si ça avait eu marché''. Ces bruits se sensibilisent lorsque nous sommes en présence d'un pas qui produit un bruit sec (3 versions) : "c'ést pareil comme si ça avait faite, *sus* la galerie, quand i' a un peu d'neige, p'is qu'ça craque... ça faisait crouk crouk'' ou d'un pas cadencé, tel qu'il est suggéré dans la version de Monsieur Alfred Vachon de Vallée-Jonction : "des pas d'un soldat, dés grosses bottes... ça marchait comme un soldat dan 'a maison''. A ce pas militaire, nous ajoutons un pas secoué, que Mme Fernand Labbé de Saints-Anges illustre en ces mots : "ça s'ést *escoué* à la porte; ça *piétonnait*, p'is ça se s'couait!'' Enfin, la courte rétrospective de ces bruits serait incomplète sans l'évocation de deux derniers types de pas qui apparaissent successivement dans les manuscrits 112 et 138. Le premier de ces manuscrits atteste d'un pas long ("une personne qu'a traversé la cuisine à grands pas'') alors que, dans le second, nous retrouvons un pas lourd ou pesant, ainsi décrit par une informatrice de Saints-Anges : "ça s'ést mis à marcher *pesantement* que ça n'en tremblait en d'sous d'moi!''

Le revenant n'hésite pas non plus à utiliser ses mains ou ses poings en signe d'appel. Les trois coups à la porte ne semblent pas occasionner trop de frayeur chez le parent visité. Pourrions-nous croire alors que le défunt désire ménager l'intensité du bruit? Car, dans cet ordre, nous retrouvons encore tout un amalgame de nuances sous-entendues par le choix des verbes : cogner, frapper, fesser. Ainsi, d'une part, les premières manifestations se révèlent à travers le simple cognement à la porte, celui-ci se répétant souvent trois fois. Cinq versions illustrent ces bruits produits manuellement et traduits fréquemment dans le vocable "cogner". D'autre part, nous voyons les bruits s'amplifier lorsque c'est un coup de poing qui heurte la porte (4 versions). La violence de ces coups est suggérée dans ces expressions: "ça fessé trois coups après la porte" ou "ça s'ést mis à frapper d'un côté d'la porte". Une autre version corrobore encore mieux la force que le coup de poing peut atteindre : "l'esprit du défunt cogna sur les galeries... c'était comme si un poing se rabattait sur le plafond de la cave avec violence... plus tard, l'esprit de Monsieur Goulet frappa plus violemment sous les pieds de Mme G..."

Il semble également qu'il soit du ressort du défunt de *clencher* la porte, ainsi qu'en font foi les récits de Mme Clément Lessard et de Mme Jean-Thomas Cloutier, toutes deux de la même localité.

Nous sommes davantage étonnés d'entendre un récit à l'intérieur duquel le défunt souligne sa présence en produisant un bruit sur une pièce de vaisselle. Bien que nous ne possédions qu'une seule version caractérisant cette forme de bruit, nous avons cru devoir la mettre ici en évidence, à cause de sa singularité. Mme Jules-Aimé Binet nous raconte que sa mère souffrait de tuberculose et qu'on lui avait aménagé une chambre au premier étage de la maison afin de lui prodiguer de meilleurs soins; se trouvant dans l'incapacité de parler, la malade frappait sur un verre au moyen d'une cuillère pour signifier son besoin d'aide. Mme W... N... ne tarda pas à mourir. Dix jours après ses funérailles, alors que toute la famille immédiate de la défunte se trouvait réunie à la table pour le repas du midi, "on a entendu toutes en même temps l'appel de Jeanne"; la défunte venait réclamer des prières en utilisant un geste posé de son vivant, celui de frapper sur un verre en utilisant une cuillère.

Quant aux bruits occasionnés par le cliquetis de chaînes, ils constituent une bien maigre représentation dans l'ensemble des versions que nous avons recueillies. Aucune description pittoresque ou détaillée dans ce secteur de *connaissances*. Les deux informateurs soulignent rapidement qu'on entendit d'une part des bruits de fer dans une étable, d'autre part des bruits de chaînes sous le lit d'un fermier.

Si les revenants ont le plus souvent recours aux objets quotidiens pour se manifester, ils peuvent toutefois superposer leur présence à la venue d'un phénomène. Ainsi en va-t-il du récit de Paule Champagne, qui raconta que Monsieur Arthur Lessard, de Saint-Joseph, fut bel et bien réveillé en pleine nuit par des coups de tonnerre et une pluie violente qui s'apaisèrent subitement pour faire place à un beau clair de lune. Il est plutôt rare de rencontrer ce type de bruits associés aux éléments de la nature. Nous en avons, pour notre part, relevé une seule version.

Nous évoquerons finalement, au chapitre des manifestations sonores, quelques bruits qu'il nous fut impossible de classer de façon précise, à cause de leur disparité: un support qui percute contre une cheminée, une *corde* de bois qui déboule, un bruissement derrière des rideaux de salon. S'ajoute aussi le phénomène que les gens de Saint-Ephrem connurent de 1930 à 1950, et que Monsieur Bertrand Gosselin de Saint-Joseph décrit ainsi :

> Quantité de gens nous l'ont raconté, quantité de gens aussi l'ont vécu. Ces gens-là, le soir de la Toussaint, se rendaient le long du chemin qui était proche de la *sucrerie* [...] On entendait scier, on entendait abattre les arbres. Et pourtant, aucun arbre tombait, et puis i' avait aucun brin de scie qui restait là. Les gens passaient des nuits entières à écouter ce phénomène-là sans rien voir [...] Mais le sens particulier qui les frappait, c'était le sens de l'ouïe. Et des gens qui nous ont conté ça, qui me l'ont conté à moi, en fait, étaient peut-être plus âgés que moi. Et combien de fois ils nous ont offert d'aller voir ce phénomène-là!

Le fait nous est aussi connu par Monsieur Roméo Lessard de Vallée-Jonction, lui aussi natif de Saint-Ephrem. Ici, toutefois, l'informateur a souligné qu'il s'agissait d'un bûcheron que les gens apercevaient au cours de la nuit de la Toussaint : "plusieurs l'ont vu scier du bois [...] le lendemain, on pouvait voir les *cordes* de bois sciées la veille". Il est par ailleurs surprenant de découvrir presque le même récit à Saint-Victor. Aux dires de l'informateur concerné, les gens de cette localité entendaient bûcher, dans le 7e rang de Saint-Victor, un dénommé Veilleux qui, de son vivant, avait abandonné la pratique religieuse.

2. Perceptions visuelles

L'étude des apparitions dont furent témoins les informateurs beaucerons ne manque pas de complexité. En vertu de ce fait, nous avons jugé opportun de mentionner quelques-unes des difficultés associées à la mise en place de cette portion de chapitre. Soulignons en premier lieu l'obstacle que représentait la classification des récits inhérents aux apparitions. Elle provient avant tout du fait que les versions recueillies sont assez succintes en ce qui a trait aux descriptions du fantôme ou du revenant. Aussi nous sommes-nous fréquemment retrouvés dans l'impossibilité de reconstituer intégralement le portrait du revenant, tel qu'il a pu apparaître au témoin. On comprend bien, toutefois, que l'évocation d'une apparition fait appel aux croyances les plus intimes du conteur et à son expérience personnelle; d'autre part, la déformation lente de l'image, caractéristique essentielle de la légende, constitue un autre facteur digne de mention.

La classification établie aurait pu reposer sur plusieurs critères. Ainsi, les attitudes adoptées par les trépassés, lors de leur apparition, ne manquaient pas d'intérêt; par ailleurs, la conception universelle du fantôme ou du revenant aurait pu devenir un autre élément de sélection. A la place, il nous a semblé plus honnête de respecter le récit des informateurs; c'est donc à la lumière de détails très précis, mis en évidence tout au long de l'étude, que nous sommes arrivés à ébaucher des distinctions, lesquelles, nous le reconnaissons, seraient facilement interchangeables. Le terminologie utilisée par le conteur nous a été d'un précieux secours, en particulier dans l'appellation du revenant.

Nous sommes tout de même conscient que les vocables de fantôme, vision, mirage et revenant s'entremêlent sans cesse dans l'esprit de l'informateur.

Enfin, soulignons que l'objectif des prochaines pages n'est pas d'atteindre la vérité scientifique sur le concept difficile des fantômes ou des revenants. Nous songeons plutôt à faire connaître la multiplicité des variantes propres à ces apparitions; nous l'avons voulue la plus complète possible et fidèle aux données de l'informateur. A cette fin, les perceptions visuelles sur lesquelles nous nous attarderons maintenant ont été regroupées en trois grands secteurs : les manifestations corporelles d'un trépassé, les manifestations de phénomènes naturels ainsi que les manifestations d'objets inanimés.

Manifestations corporelles d'un trépassé

Dans notre corpus, le trépassé se présente sous des formes multiples; le témoin le voit ainsi apparaître tantôt sous une forme humaine ou fantômatique, tantôt sous une forme moins définie que l'informateur associe à une ombre ou à un mirage; quelquefois, le défunt se présentera de manière à effrayer celui qu'il est venu visiter; enfin, il se métamorphose à l'occasion en un animal. Ce sont là les principales formes qui se dégagent de l'étude du corpus des manifestations corporelles du trépassé.

1. Sous forme humaine. Lorsque le trépassé se présente sous une forme humaine, on peut l'identifier de plusieurs façons; nous le voyons ainsi privé de tête ou ne dévoilant que son visage ou un membre de son corps; il arrive aussi qu'il se fasse reconnaître par sa seule voix ou par une des pièces de vêtement qu'il portait de son vivant. Mais c'est plus souvent dans sa totalité qu'il apparaît au témoin.

Le légendaire de la Beauce sur les apparitions de personnes décédées nous rappelle d'abord, dans cinq versions, le thème de l'homme sans tête, que la tradition orale franco-ontarienne nous avait préalablement fait connaître dans un conte de Monsieur Gédéon Savarie[4], de Hagar, en Ontario.

4. Enregistrement no 1023. Coll. Germain Lemieux, Centre franco-ontarien de folklore. Université de Sudbury, Ontario.

A l'intérieur de ce récit, nous sommes plongés dans les aventures d'Albert l'Empereur; en quête d'une belle princesse dont il a aperçu le portrait, il rencontre un cadavre sans tête gisant sur un amas de fumier. Il apprend bientôt qu'il s'agit du corps d'un homme endetté; une coutume veut en effet qu'il demeure sans sépulture aussi longtemps que sa dette n'aura pas été payée. Albert l'Empereur vendra tout ce qu'il possède pour régler la dette du mort sans tête.

Par ailleurs, Carmen Roy, dans *La littérature orale en Gaspésie*, évoque la présence d'un homme sans tête, dont "le corps était revêtu des habits de travail qu'il portait autrefois[5]". Pour obtenir sa libération, il importuna pendant un an une fillette d'une douzaine d'années.

L'étrange personnage légendaire sur lequel nous pourrions longuement épiloguer, la Beauce le fait revivre dans sa tradition orale. C'est une version saisissante que nous raconte Monsieur Alphonse Bisson de Saints-Anges, lorsqu'il rappelle l'aventure incroyable vécue par deux paysans. Ces derniers venaient tout juste de faire leur *train* quand ils aperçurent le long de l'étable, "un homme pas de tête" assis sur une poutre. Le revenant put facilement se faire reconnaître puisqu'il entretint avec eux une conversation d'une heure. Un autre informateur de Saint-Joseph connut la frousse de sa vie à la vue d'un homme sans tête qui se tenait à l'extérieur de sa *cabane à sucre*; le revenant fut identifié sur-le-champ par la chemise "*carreautée* gris et noir" qu'il portait; ce ne pouvait être que le voisin de l'informateur en question.

Par ailleurs, dans une version provenant de Saints-Anges, un cultivateur, jadis lésé par un curé, fit une rencontre stupéfiante; à l'orée du cimetière, "il vit arriver ce même prêtre, n'ayant pas de tête [...] les livres du Conseil sous les bras et portant une soutane très noire". La grand-mère de Mme Armand Bolduc, de Beauceville, vécut aussi un événement peu commun; après avoir mis en fuite un cheval qui contournait sans cesse la maison, elle aperçut un "homme pas d'tête qui s'en allait".

---

5. Carmen Roy, *La littérature orale en Gaspésie*, Ottawa, Musée national du Canada, 1955, pp. 128-129.

Le dernier récit à nous présenter ce spécimen de revenant semble s'être déroulé il n'y a pas très longtemps. Il relate la visite en automobile d'un avocat défunt reconnu par son seul complet gris; car, comme le souligne l'informatrice de Tring-Jonction, le revenant n'avait "pas de tête surmontant les épaules"; en moins d'une seconde, la voiture et son bizarre conducteur auraient disparu.

La configuration du revenant est parfois plus fragmentaire que celle que nous venons d'esquisser. Il arrive en effet que seul le visage soit révélé au témoin lors d'une apparition. Nous en avons deux exemples dans les versions de Mme Clément Lessard et de Mme Liguori Leblond. La première rappelle comment un jeune homme fut hanté par la figure de sa tante, dont les contours semblaient vagues. Pour sa part, Mme Leblond se souvient encore nettement d'avoir été saisie en apercevant à deux reprises, à la fenêtre d'une maison, le visage de sa défunte voisine. C'est dans le même champ thématique que nous situons l'expérience vécue par Mme Jean-Louis Maheux, de Saint-Joseph, la journée de la fête des Morts. Alors que cette dame était demeurée à la maison en un jour pourtant solennel, "un grand bras noir" dressé dans la fenêtre lui rappela que les morts avaient besoin de prières, contrairement à ce qu'elle avait toujours pensé.

Il suffit parfois d'un élément bien simple pour que le visionnaire reconnaisse tout de suite un des siens. Ainsi, les vêtements du revenant ne sont point trompeurs et conduisent à une identification presque certaine du visiteur d'outre-tombe. Les exemples se succèdent pour témoigner de cette assertion. Une dame aperçoit son frère défunt dans la pénombre, mais réussit à le distinguer grâce à "sa *calotte* sur la tête"; une mère reçoit la visite inattendue de sa fille qui est revêtue des vêtements qu'elle portait lors de l'accident au cours duquel elle perdit la vie; un dénommé A...L... préalablement importuné par les pas cadencés d'un soldat, reconnaît bientôt son cousin décédé à l'habit militaire qu'il a endossé; une jeune fille voit sa soeur lui apparaître "vêtue de sa robe de chambre préférée sur laquelle se trouvait une grosse fleur rouge". Autant d'exemples qui incitent le témoin à croire qu'il ne fut point victime d'une éphémère illusion, et à affirmer franchement, comme le fait Mme Armand Bolduc, de Beauceville :

Je l'ai bien connue! Sés vêt'ments qu'a v'nait ici, a lés avait sus l'dos. Avait un p'tit bonnet bleu p'is a l'avait encore! Son p'tit bonnet bleu!

C'est semblablement la seule voix de sa mère, dont il ne distinguait absolument pas le visage, qui conduit un autre informateur à reconnaître la femme assise à l'entrée du camp de bûcherons où il travaillait.

Les récits d'apparitions à travers lesquels le revenant semble garder sa forme matérielle et son extérieur physique nous permettent rarement de reconstituer de pied en cap la forme humaine du revenant. Par ailleurs, nous devons reconnaître qu'un bref élément de description, ou une remarque passagère ("Me semble que j' l'ai b'en vu p'is j'y ai parlé") laissent croire que le témoin a aperçu une forme humaine dans sa totalité. Ainsi, dans les versions qui feront maintenant l'objet de notre étude, l'informateur garantit de sa sincérité l'apparition dont il fut témoin; nous avons rangé ces récits sous la rubrique "personne vue de pied en cap" pour les distinguer des autres groupes analysés à partir d'éléments définis (vg. homme sans tête, personne reconnue grâce à une pièce de vêtement ou par sa voix).

Parmi ce type de revenants, un premier groupe se caractérise par l'attitude figée ou immobile qu'ils adoptent au moment de leur apparition. Rien ne saurait mieux les décrire que ce "petit bébé tout blanc, entouré d'une auréole brillante [...] lés deux p'tites mains en l'air, dés beaux p'tits cheveux toutes dorés". A ce tableau, qui nous provient d'une informatrice de Saint-Joseph, s'ajoutent quelques autres scènes statiques: un homme allongé, les yeux ouverts, dans une "boîte de lapin de Pâques"; une femme agenouillée au pied d'un lit ou se tenant immobile à la porte d'une chambre; un homme à genoux, les mains jointes ou assis sur une chaise, un chat sur les genoux; un autre revenant caché sous un lit, "comme à plein ventre, la tête en l'air p'is i' me r'gardait!"

Un des récits de Mlle Valéda Richard, de Saint-Séverin, illustre par contre l'attitude active des revenants au cours de leur visite; E... L... après sa mort, serait revenu se promener dans son village. Aux dires de sa femme et de ses deux enfants, il alla successivement les visiter avant de se diriger vers la petite église de Saint-Séverin. On est également frappé de la grande mobilité d'un *raquetteur*; dans deux versions assez semblables, ce revenant alla s'asseoir sur le seuil d'une cabane à sucre, après avoir secoué ses raquettes et les avoir déposées près de la porte; l'étranger renouvela trois fois sa visite, sans jamais montrer son visage, qu'il tenait caché dans ses mains.

A l'instar de ces récits, s'inscrivent ceux d'un défunt qui errait continuellement sous la forme d'un minuscule bonhomme, d'un bûcheron occupé à scier du bois, ou d'une mère venue bercer son enfant.

2. *Sous forme fantômatique*. L'image du fantôme retracée dans le corpus des récits traditionnels beaucerons englobe les composantes que l'on rattache généralement à ce spectre. Ainsi, les quelques vrais fantômes décrits dans nos versions se distinguent d'une part par leurs formes confuses, d'autre part par les vêtements blancs qu'ils portent au moment de leur apparition. Il appert aussi qu'ils sont plus souvent de sexe féminin.

Monsieur Léonce Vachon, de Saint-Joseph, détient trois versions descriptives de fantôme. La première implique un jeune homme perdu dans la forêt et retrouvé grâce à une battue générale. A son retour au camp, devant l'émoi des bûcherons, le jeune homme raconta alors l'intervention miraculeuse de sa mère :

> Quante la noirceur prenait, ma mére v'nait avé moé; a l'arrivait, un drap blanc sus elle p'is a l'avait soin d'moé [...] quand v'nait le p'tit jour, a disparaissait! J'la voyais p'us!

D'autre part, Monsieur Vachon lui-même fut secouru par sa mère, alors qu'il était perdu dans le bois avec un ami. Il décrit ainsi l'apparition dont il fut témoin: "habillé en blanc, c'était un fantôme qui pouvait mesurer six pieds onze à peu près ... plus grand qu'moé!" Quant à l'autre fantôme décrit par cet informateur, dans une version qui semble tenir davantage de la littérature écrite que de la tradition orale, il est de sexe masculin et n'offre aucun intérêt particulier, ne serait-ce qu'il disparaît comme par enchantement.

Monsieur Amédée Binet, de Saint-Séverin, nous fait aussi part du malheureux incident qui survint à H... B... et que ce dernier relatait aux siens en ces mots :
J'sortais du *pâr* de la jument p'is ça s'ést mis à cogner dans la porte. Là j'me su's mis à sacrer. C'ést mon onc' qui ést là; i' va décoller! J'sacrais tant qu' j'étais capab'! Tout d'un coup, la porte s'ést ouvert p'is ça l'a arrivé sus moé comme une grand' bonn' femme blanche!

3. Sous forme d'ombre ou de mirage. Du fantôme à l'ombre ou au mirage, il n'y a qu'un pas dans l'esprit de l'informateur beauceron. Et l'un et l'autre se confondent dans leur esprit, comme en fait foi cette version à l'intérieur de laquelle nous retrouvons bien des composantes : "une ombre habillée en blanc... les deux mains au pied du lit... l'ombre était debout". La présence d'une ombre se retrouve aussi dans deux autres versions qui relatent, à quelques variantes près, l'aventure d'un cultivateur qui dut lutter contre un homme dont il n'entendait que le souffle, et dont il percevait l'ombre sans jamais pouvoir l'atteindre. Dans une de ces versions, soit celle de Monsieur Hervé Fecteau, de Sainte-Marie, l'épisode se dénoua auprès du curé de la paroisse, à qui l'informateur avoua : "Je me suis battu avec un mort!"
Lorsque l'apparition prend la teinte d'un mirage, elle demeure tout aussi nébuleuse, en particulier dans le récit de Richard Vachon, de Saint-Odilon. On trouve intrigante, en effet, l'apparition que décrit cet informateur : "Un jour, la mère décédée est venue laver le plancher à leur place. Mais les deux petites filles ne voyaient que la brosse, le savon et le torchon". Nous ne pouvons taire, non plus, un autre récit évoquant la présence obsédante d'une femme qui se manifesta longtemps après sa mort : "après son décès, on la voyait partout, souligne l'informatrice; au fond du plus profond des puits, dans les étables, les bois". Personne ne pouvait l'atteindre, car elle disparaissait quand on s'avançait vers elle.

4. Sous forme terrifiante. Certaines visions nous semblent encore plus terrifiantes que la vue d'un fantôme ou de quelque autre forme imprécise. Elles possèdent un grand pouvoir d'évocation et symbolisent à coup sûr les souffrances connues par le défunt après sa mort; Mme Armand Bolduc fut ainsi visitée en pleine nuit par une dame B... vouée sans contredit au feu du purgatoire. Écoutons cette informatrice nous raconter son apparition :

> C'tait toute rouge! On dirait qu'ça d'y sortait du feu dein z'yeux, un peu, là! C'tait *épeurant* mais ça 'té à peu près une seconde; ça effacé tu suite!

On peut également imaginer le saisissement connu par un groupe de religieuses à la vue d'une "main étampée en feu sur le mur". L'émotion d'un paysan fut moindre quand il aperçut, sur le toit de sa *cabane à sucre*, un étranger dont les pieds "faisaient du feu". A côté de ces récits, nous trouvons celui de Mme Charles Poulin, de Vallée-Jonction, qui dessine le caractère sinistre d'une apparition que lui conta sa grand-mère: "Son ami lui apparut comme sur un nuage, souffrant, et tout en lambeaux".

Ces visions effrayantes atteignent leur paroxysme quand c'est un cadavre qui surgit de sa tombe, tantôt pour dénoncer le coupable d'un meurtre, tantôt pour signifier à une personne de modifier ses habitudes de vie. Faut-il préciser enfin que ces deux épisodes nous ont été relatés par le même informateur.

5.   Sous forme animale. Les êtres d'outre-tombe se manifestent parfois sous l'apparence extérieure d'un animal. La cueillette de nos documents ne présente que deux récits relatant la rencontre d'un animal associé au retour d'un trépassé; il s'agit en l'occurence d'un mouton et d'un brochet.

La surprise d'un dénommé M... fut grande lorsqu'il rencontra, à l'orée d'une *sucrerie*, un mouton qui longeait une clôture. Comment expliquer la présence de cet animal, de si bonne heure, le printemps? Le paysan étonné descendit de sa voiture et s'approcha du mouton; mais ce dernier s'éloignait au fur et à mesure que M... approchait. Quand il vint pour attraper la bête, celle-ci disparut. Etait-ce l'oncle défunt qui venait signifier sa présence? C'est ce que présume celui dont nous tenons le récit. Monsieur Bertrand Gosselin avoue en effet:

> Étant donné qu'i' avait encore de la neige à ce moment-là, que la sucrerie était éloignée à trois milles de la maison, ça pouvait pas être d'aut' chose que son oncle qui

était sur les *planches* et puis qui était v'nu le voir parce
que lui n'avait pas eu le temps d'aller le voir!

Ailleurs, une âme en quête de prières prend la forme d'un
brochet pour solliciter l'aide qu'elle requiert. Cet épisode se
serait déroulé près d'un ruisseau où l'on avait aménagé une
auge qui servait à rincer les vêtements préalablement lavés dans
le cours d'eau. La famille de P... L... aperçut soudain, dans
cette auge, un brochet qu'elle n'arriva pas à capturer. On avait
beau fermer la cheville permettant à l'eau de s'écouler, le brochet était insaisissable. On se posa alors la question suivante :
"qu'est-ce que ça veut dire? Est-ce que c'ést une âme qui aurait
besoin de prières ou bien d'une messe?"

Manifestations de phénomènes naturels

"Tantôt petite comme un flambeau, tantôt grosse et étendue
comme un vaste incendie, elle s'avance, elle recule, elle s'é-
lève... elle disparaît tout à coup, puis elle se montre de nouveau[6]". C'est ainsi que Faucher de Saint-Maurice décrit ce que
l'interprétation populaire désigne par le feu des Roussi, aperçu
naguère au fond de la Baie des Chaleurs. Si cette flamme bleu-
âtre n'est pas associée, dans la Beauce, au naufrage de quelques
hardis marins, elle marque cependant de son empreinte, avec
quelques autres phénomènes (nuage, pommier en fleurs) les récits des Beaucerons sur les revenants.

A trois reprises, des boules de feu surgissent dans nos versions. L'une d'elles, de dimension énorme, frappe une maison
où sont réunis des parents à l'occasion de Noël; on a toujours
cru, ainsi que le souligne une dame de Vallée-Jonction, qu'il
s'agissait du fantôme d'une dénommée C...; la dite femme aurait déclaré, avant son décès, "qu'elle serait toujours présente à
ces réunions, morte ou vivante". Un autre corps sphérique
semblable brouilla la vue de Monsieur P... V... s'il faut en
croire son fils, qui nous a dit: "i' avait une boule de feu qu'i'
avait tombé à la tête de son ch'fal!" Pour sa part, Monsieur
Augustin Jacques, qui s'était engagé un soir "au-travers dés
ch'mins à moitié-fondus", aperçut lui aussi, en cours de route,

6. Faucher de Saint-Maurice, *A la veillée; contes et récits*, Québec, Darveau,
   1877, pp. 74-75.

une boule de feu qui se doubla de la vision d'un homme à genoux, les mains jointes : c'était indéniablement un suicidé au
sujet duquel des voisins avaient badiné.

Mais la lumière vacillante que distinguèrent un jour quatre
concitoyens de Saint-Joseph comporte davantage d'affinités
avec la légende du feu des Roussi. Rappelons ici que Joseph
Jacques et trois compagnons avaient aperçu, sur une butte, une
petite lumière se dirigeant dans le sens d'un pâté de mai-
sonnettes habitées par des paysans qui ne pratiquaient pas leur
religion. Mme Joseph Jacques nous a décrit ce que lui conta
son mari : ''chaque fois qu'la lumière sursautait, a l'approchait
dés quatre hommes qu'étaient dans l'chemin'', jusqu'à ce
qu'elle parvint à les éclairer. C'est alors que son mari s'écria :
''Quel quantième ést Noël? Le 25 de décembre.'' A ces mots
magiques, tout s'est éteint près d'eux. Notre informatrice ajou-
tera, au sujet de cette mystérieuse histoire :

> Mon mari prétend qu' c'était une âme, qu' c'était comme
> dés esprits qui aimaient à s'fére délivrer! P'is j'vous dirai
> qu'mon mari, c'était pas un menteur! P'is ceux qu'étaient
> avec son cousin, c'était toutes dés bonnes parsonnes!

Deux autres phénomènes naturels viennent annoncer à des
personnes l'entrée au ciel d'un parent très proche. Ainsi, Monsieur J... G... s'écria, devant un gros nuage qui s'offrait à sa
vue : ''Si c'est toi, Vitaline, j'ai compris!'' Le nuage se dissipa
aussitôt. Dans les mêmes circonstances, le matin du Jour de
l'An, un pommier en fleurs indiqua à A... P... que sa femme
était entrée au paradis. Les bourgeons disparurent après que
tous les enfants eurent vérifié ce dont leur père venait d'être
témoin.

Manifestations d'objets inanimés

Quelques objets divers, tels un cercueil, un crucifix ou une
valise, viennent enfin attester de la présence d'un revenant.

Ainsi, la tombe qu'un cultivateur aperçut en ouvrant la
porte de la *tasserie* lui fit dresser les cheveux sur la tête jusqu'au moment où il découvrît de lui-même le mot de l'énigme :
en s'inclinant pour saisir ce qu'il croyait être un cercueil, il
constata que c'était du foin : ''j'me suis rendu aux preuves;
c'était rien!'', déclara Cléophas à la suite de cet incident.

Mais tel ne fut pas le cas d'une famille qui priait ardemment pour revoir un cher défunt. Il se produisit, un soir, à l'heure d'une fervente prière, une sorte "d'étourdissement" :

On a senti qu'i' avait quelque chose qui se passait dans le vitrail à côté de la maison. On s'ést retourné tout le monde, puis qu'est-ce qu'on a vu? On a vu passer un grand crucifix tout le long du vitrail.

Par ailleurs, c'est à Saint-Frédéric, vers 1905, qu'un événement presque théâtral se produisit dans une famille. Une vieille dame vit s'ouvrir magiquement la porte du salon. A son étonnement se mêlait de la crainte. Devant elle, en effet, une valise ouverte; dans la valise, un portefeuille également ouvert et une pièce de vingt-cinq sous par terre. Dans un geste spontané, la femme referma successivement le portefeuille, la valise et la porte du salon. Le même rituel se renouvela trois fois, aux dires de Mme Thomas Lessard, de Saint-Joseph, qui renforce l'authenticité du fait par ce témoignage: "Monsieur Nadeau, là, l'beau-père de ma fille Simonne, a b'en vu ça d'ses yeux!"

3. Perceptions tactiles

Les revenants utilisent les moyens les plus divers pour se faire reconnaître et n'hésiteront pas, par exemple, à toucher ceux et celles avec qui ils veulent entrer en contact.

Gestes qui agacent plus qu'ils ne choquent : "'i' s'faisait *pilotter* tout l'temps sus 'és talons", "ça m'soufflait dans l'cou", "une main étrange intervenait toujours pour lui enlever ses couvertures", "comme une main étrange qui m'passait sus 'és jambes". Gestes qui surprennent, aussi, parce que produits avec la rapidité de l'éclair, comme dans le cas de ce sacristain, qui reçut une poignée de gravier en pleine face. Un autre geste instantané que celui du revenant s'attaquant à W... P... de Beauceville, qui se rendait voir "lés belles de l'aut'côté d'la rivière!" Alors qu'il traversait sur la glace, il vit son cheval s'immobiliser en plein centre de la rivière. Comme le dit l'informateur, "il a voulu lui donner un coup de fouet, mais le fouet est r'venu! C'ést lui qu'a été frappé et non l'cheval! Là, i' dit : c'ést grand-mère qui m'fouette!"

L'audace du revenant lui fera poser les gestes les plus agressifs : saisir quelqu'un à la gorge et même tuer. Ce dernier trait fait partie du répertoire de Monsieur Léonce Vachon de Saint-Joseph, qui est composé de récits particulièrement dramatiques. Ainsi, une femme avait juré, de son vivant, de faire mourir une de ses voisines avec qui elle s'était chicanée: "Morte ou en vie, j'te tuerai!'', lui avait-elle lancé. Après sa mort, elle revint accomplir sa menace. Sous les yeux du mari, à plusieurs reprises, la morte venait arracher les cheveux de sa victime, qu'elle fit ainsi mourir à petit feu. Monsieur Vachon précise que le mari tenta par tous les moyens de tirer sa femme des mains de la défunte, "mais c'était toujours dans l'vide'', ajoute-t-il, signifiant que ses mains ne rencontraient que le vide.

L'intervention du revenant prend parfois un caractère moins tragique et laisse filtrer des sentiments quasiment humains. A Beauceville, par exemple, alors qu'elle dormait, une nuit, une dame B... fut embrassée par son défunt mari à qui elle reprochait de ne pas lui donner de *connaissances.* Comme le dit l'informatrice:

A s'ést sentie embrassée! A côté d'elle, c'était chaud, là!
On a'rait dit qu'i' avait couché avec elle!

Plus hardie encore cette jeune fille qui venait de mourir et qui revint, durant un an, coucher avec son fiancé. Agacée, semble-t-il, par la présence de deux frères de son amoureux, elle les poussait hors du lit afin de n'avoir pas à partager ce qu'elle était venue donner à celui qui était toujours son fiancé.

4. Perceptions olfactives

Un bruit fugitif qui ébranle la maisonnée, une clameur insolite ou une apparition terrifiante, voilà des thèmes courants dans les récits de *connaissances* qui composent le substratum des légendes sur la mort. Mais lorsque la perception sensorielle de l'odorat vient annoncer, dans l'esprit d'un informateur, le retour d'un défunt, c'est chose pour le moins rare. Le récit de Monsieur Valère Roy, de Vallée-Jonction, est le seul du genre que nous ayons relevé au cours de notre enquête.

Bien localisée dans le temps et dans l'espace, l'histoire se serait déroulée à Saint-Joseph, il y a environ cent ans, chez le grand-père de notre informateur. Homme d'une grande générosité de coeur, Monsieur J... R... aurait hébergé, ce printemps-là, un pauvre quêteux affublé du surnom de "Louis à Housse". Ce mendiant véhiculait dans une petite charrette, ses menus bagages, en l'occurence une batterie de cuisine et une couchette. Le malheur voulut qu'il décédât subitement à la maison de J... R... Le quêteux fut enterré convenablement grâce au soutien matériel du voisinage qui défraya le coût du cercueil et des funérailles. Le service funéraire terminé, Mme J... R... dans son sens de la justice, demanda à son mari : "Quoisqu'on va fére de sa batterie de cuisine?" L'homme répondit : "On d'y f'ra chanter dés messes!" La promesse fut malheureusement oubliée; mais le quêteux s'en rappelait, lui. Dans l'été qui suivit le décès, "la *poison* a pris dans'a maison; ça sentait d'inque le mort, ça sentait d'inque le mort." On eût beau vider les meubles et désinfecter toutes les pièces, la senteur persistait. Une senteur peu commune traduite dans les mots colorés de l'informateur: "Un mort, quand ça fait l'temps d'puer, ça pue, tu sais!" Les exhalaisons du cadavre furent enrayées lorsque J... R... à la suggestion de sa femme, se rendit au presbytère afin de s'acquitter de la promesse faite à Louis à Housse en vue du repos de son âme.

5. Perceptions sensibles variées

L'étude des manifestations perceptuelles des défunts serait incomplète si nous n'évoquions pas, en dernier lieu, les vingt et un récits que nous n'avons pu classifier rigoureusement, du fait qu'ils ne se rattachent pas aux perceptions de l'ouïe, de la vue, de l'odorat ou du toucher. En vertu de leur nombre, en vertu aussi de la variété et de l'intérêt de leur présentation, nous avons jugé intéressant de faire l'énumération de ces types de manifestations extérieures qui complètent le premier chapitre.

1. Un tablier se dénoue, se pose sur le sol et revient se plier sur le bras d'une personne.

2. Comportement bizarre d'un cheval.

3. Bêlements répétés d'une moutonne.

4. Mise en branle d'une chaise.

5. Sensation de froid perçue sur une taie d'oreiller.

6. Disparition de nappes destinées à l'onction des malades.

7. Lourdeur et fatigue connues par un paysan, et décrites ainsi: "Comment qu' j'a'rais monté à peu près cent livres su' l'dos, j'a'rais pas 'té plus *resté...* j'étais tout *trempe*".

8. Découverte inattendue d'une pièce de monnaie.

9. Impossibilité pour un homme de franchir la clôture du cimetière où il vient d'entrer.

10. Un puits s'assèche subitement.

11. Eparpillement de lettres sur la tête d'une personne.

12. Manifestations autour d'un vase de crème placé au bord d'une fontaine.

13. Animation d'un petit baquet.

14. Chute d'une montre déposée sur un bureau.

15. Paralysie d'un fermier au moment où il s'apprête à ramasser du foin.

16. Pleurs d'une fillette.

17. Autres manifestations non identifiées.

"Manifestations du trépassé", tel est le titre de cette première partie qui vient nous révéler la polyvalence d'être du revenant lorsqu'il s'agit de venir se révéler aux siens. Parler ainsi du revenant comme uniquement un être mi-fantômatique, mi-vivant, un spectre en feu, un fantôme enchaîné, une personne qui apporte la frayeur, la crainte, ou qui vient troubler le sommeil des vivants, c'est risquer de réduire à une image simpliste ce qui épouse en fait les lois de la multiplicité.

Cette multiplicité, si elle est partie dûe à la personnalité de l'informateur, n'en perd toutefois pas son caractère essentiel. Ce qu'un tel, par exemple, voit "brasser d'un bord et de l'autre" ne fait que souligner l'importance de ce bruit pour l'informateur qui l'a canalisé dans une expression haute en couleurs.

Que le revenant se révèle à travers l'ouïe, la vue, le toucher et l'odorat, voilà ce qu'il faut retenir. Que chacun de ces sens, il sait les décomposer pour se manifester sous une multitude de formes. Voilà ce que nous avons pu remarquer. Allons donc voir maintenant si le revenant manifeste autant d'imagination lorsqu'il s'agit de choisir l'heure et le lieu de la visite...

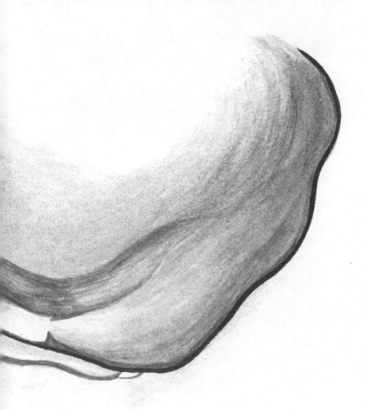

LES TEMPS
ET
LES LIEUX

Si les récits de revenants que nous avons recueillis dans la Beauce décrivent généralement avec clarté les modalités de perceptions qu'empruntent les trépassés pour entrer en contact avec un parent, un ami ou un voisin, ce n'est toutefois pas là que le texte puise sa parfaite crédibilité. Que le revenant cogne ou frappe, il y a indépendance totale des conditions extérieures. Nous sommes dans l'absolu.

Les récits de trépassés font apparaître cependant d'autres éléments qui appartiennent en propre à la légende et qui contribuent à la rendre encore plus vivante, puisque l'anecdote racontée échappe ainsi à l'impersonnalité. La quasi totalité des légendes beauceronnes sur la mort se situent en effet dans un temps et dans un espace bien définis.

Aussi, dans ce deuxième chapitre, avons-nous jugé opportun de nous pencher sur la dimension spatio-temporelle retrouvée au sein de notre corpus. Cette dimension nous a semblé une des composantes de la crédibilité des récits que nous ont livrés les Beaucerons. Chaque version trouve en effet une part de son authenticité auprès des spécifications de temps et d'espace qui situent concrètement le fait raconté par l'informateur, et qui lui confèrent l'air de vraisemblance qui échappe, par exemple, au conte, dont le caractère est beaucoup plus absolu.

En somme, cette double dimension du temps et de l'espace forme la toile de fond des manifestations d'outre-tombe. En vertu de ce fait, il nous semblait indispensable de ne pas la passer sous silence et de lui consacrer une part d'attention.

1. Les circonstances de temps

Qu'une informatrice nous dise: "C'tait l'jeudi, ça! J'me souviens d'la journée comme si c'était hier", et nous voilà rassurés sur la validité de l'événement. Les jalons temporels viennent ainsi crédibiliser le récit...

Ces jalons temporels, nous les avons regroupés en trois sections principales: les cycles propices aux *connaissances* ou aux apparitions, les moments du jour où se manifestent les êtres d'outre-tombe ainsi que la fréquence des visites des trépassés. Nous tenons ici à remercier C. Jones[1] dont l'étude nous a été d'un précieux secours dans l'appellation des titres de chapitres consacrés aux éléments temporels.

Les cycles propices

La cueillette de nos récits nous a d'abord enseigné, à travers un bon nombre de versions, que les défunts peuvent se manifester à l'occasion de certains cycles temporels adaptés aux coutumes et au rythme de la vie terrestre. Quelques fêtes calendaires, consacrées spécifiquement aux morts, ou susceptibles de nous les rappeler, s'harmoniseront bien avec l'octave des funérailles et les anniversaires de décès pour illustrer les cycles propices aux *connaissances*, ou les temps de prédilection choisis par les défunts pour se manifester.

Le souvenir de la mort et des morts se rencontre d'abord dans la mélancolique soirée du 1er novembre et du lendemain. "Il n'est pas de fête plus universellement populaire", dira Louis Rouzic[2] au sujet de cette commémoration des trépassés qu'un abbé de Cluny, Saint-Odilon, institua en 998 dans tous les monastères de sa dépendance. Bien qu'elle ne soit qu'une fête de dévotion, elle se distingue de toutes celles qui ne sont pas de précepte par le pieux empressement que tous les fidèles,

1. C. Jones, "The Ghosts of New-York; an analytical study", *Journal of American Folklore,* vol. 57, no 226 (October-December, 1944), pp. 237-254.
2. Louis Rouzic, *Le purgatoire*; *pour nos morts et avec nos morts*, Paris, P. Téqui, 1924, p. 226.

et même beaucoup d'indifférents, mettent à la célébrer. Par elle, l'Église nous rappelle nos devoirs à l'égard des morts et resserre les liens de famille, en rattachant le présent au passé. Comme le mentionne Jean Michel, une atmosphère mystérieuse compénètre ce jour-là :

> tout ce qui mérite le nom d'homme se dresse et va à ses tombes. On y va, meurtri de blessures récentes ou de deuils déjà vieux [...] On y amène les enfants. Les malades et les vieux, qui ne peuvent plus marcher, y vont par la pensée et y envoient les autres. Dans les campagnes les plus éteintes par le matérialisme, ce jour-là, l'on brosse ses vêtements et l'on va au cimetière[3].

Ce jour-là, aussi, s'inscrit sous le signe de la peur, ainsi que nous le rappellent tant de légendes et de coutumes vieillottes. N'est-ce pas le soir de la Toussaint qu'en Bretagne tous les morts de chaque région se donnaient jadis rendez-vous? Pareillement, en Irlande, la nuit de la Toussaint est "la nuit des apparitions et des revenants. Cette nuit-là, il ne faut jamais tourner la tête, quand on croit entendre marcher derrière soi; ce sont sans doute les morts qui font ce bruit de pas, et le regard des morts tue[4]".

La tradition orale du Canada français a perpétué le souvenir des coutumes ancestrales venues de nos pères français. Ainsi, le 1er novembre, dès que l'angélus du soir avait sonné, les âmes des défunts obtenaient du ciel la faveur d'errer dans leur paroisse natale afin d'inciter leurs survivants aux oraisons propitiatoires. Chaque foyer gardant le deuil d'un mort plus ou moins récent se faisait un devoir de répondre à ces sollicitations d'outre-tombe, en particulier par la récitation du chapelet. Les craintes du peuple, en ces jours du 1er et du 2 novembre voués aux disparus, sont facilement soupçonnées dans cet avertissement d'un père à ses fils :

> C'ést la journée dés Morts! On va pas *veiller* la journée dés Morts, pa'ce que lés morts sont sus 'a terre, p'is vous

---

3. Jean Michel, *La vie, la mort, les morts*, Paris, Fayard, 1959, pp. 109-110.
4. Lady Wilde, *Ancient Legends*, cité dans Anatole Lebraz, *La Légende de la mort*, t. II, p. 102.

savez faut dire l'chapelet tous 'és heures. Vous allez avoir dés *connaissances*!

A ce témoignage, nous greffons celui d'une autre informatrice, qui corrobore le caractère sacré du soir de la Toussaint : C'était réservé, ça, pour les morts, c'ést-à-dire une journée sus 'a terre p'is l'lendemain, b'en, on disait i's vont r'tourner dans l'purgatoire, on savait pas trop où c' qu'i's étaient allés; c'ést pour ça qu'on priait pour eux aut's!

A cet effet, onze de nos récits évoquent des défunts qui ont choisi de se manifester à la Toussaint ou le Jour des Morts, deux fêtes que les informateurs beaucerons entremêlent souvent, mais qu'ils situent dans la même perspective : celle du souvenir des disparus, pour lesquels on priera alors davantage.

Cinq versions traitent d'anecdotes vécues le jour de la Toussaint. Trois d'entre elles représentent des variantes de cet homme condamné à expier, le jour même de la Toussaint, une faute d'impiété religieuse commise de son vivant; les versions de Monsieur Roméo Lessard et de Monsieur Bertrand Gosselin situent respectivement la visite du revenant le jour de la Toussaint d'une part, le soir avant la Toussaint, d'autre part. Quant à celle de Monsieur Arthur Lessard, de Saint-Victor, elle prolonge la durée du retour du défunt, puisque le trépassé "revenait sur terre à la Toussaint au matin pour en repartir le lendemain soir, après le *service* des morts". Nous ne voulons pas omettre, non plus, le récit de Monsieur Eugène Poulin, de Saint-Joseph, dont le père s'était lassé, le jour de la Toussaint, de réciter le chapelet. Il se serait écrié : "Si i's ont besoin de prières, i's me l'diront!" Effectivement, lui et sa femme durent se lever en pleine nuit pour réciter un grand chapelet, car les morts étaient venus leur dire qu'ils avaient besoin de prières.

Des six épisodes que nos informateurs situent le Jour des Morts, soit le 2 novembre, celui de Monsieur Armand Jacques, de Tring-Jonction, cristallise le respect que l'on doit vouer aux morts en cette journée qui leur est consacrée. Un fanfaron s'était en effet vanté de pouvoir entrer au cimetière, le soir du 2 novembre, afin "d'aller allumer une allumette *après* la croix, au centre du cimetière, s'en r'venir, p'is i' avait pas peur d'y aller". Il releva le défi sous les yeux stupéfaits d'une dizaine d'amis, mais il en fut quitte pour une peur indéfinissable qu'il avoua à ses compagnons au sortir du cimetière : "Jamais d'ma vie que j'retournerai allumer une allumette le Jour dés Morts au soir, au cimetière!"

Il est naturel que ces *connaissances* s'inscrivent dans le prolongement d'une commémoration qu'on voue aux défunts. Toutefois, Noël et le Jour de l'An, deux autres fêtes calendaires non moins empreintes d'émotivité, voient se dérouler parfois des manifestations d'outre-tombe (6 versions). Dans le cadre de Noël, par exemple, L... G... demeuré seul à la maison pendant la messe de minuit, assista à tout un carnaval devant lequel il réagit fortement, en s'écriant à l'adresse d'un défunt : "Mort ou en vie, parle, icitte!" Par ailleurs, combien éloquent demeure ce récit sur lequel nous nous sommes déjà arrêtés et qui fait surgir, un premier de l'An, un "pommier en fleurs".

Quelques autres versions, au nombre de dix-huit, situent le retour du défunt dans une période qui suit immédiatement son décès ou sa sépulture, ou qui souligne l'anniversaire de sa mort. L'octave des funérailles n'en demeure pas pour autant une période propice aux *connaissances*, puisque sept versions seulement précisent que des défunts s'y soient manifestés.

La même considération vaut pour l'anniversaire de la mort du disparu (11 versions). A ce sujet, le premier anniversaire prime sur les autres, ceux-ci allant d'un mois jusqu'à quatre ans après la mort du disparu.

Les moments du jour

Monsieur Georges Dottin, qui a préfacé le merveilleux ouvrage d'Anatole Lebraz sur *La légende de la mort* en Bretagne, synthétise on ne peut mieux ce que nos enquêtes folkloriques dans la Beauce nous ont appris d'une autre constante temporelle des apparitions ou des *connaissances* : le temps du jour où se manifestent les défunts. Voici ce que Monsieur Dottin écrit à ce sujet :

Par une espèce d'accord tacite, il est entendu que la terre appartient, le jour, aux vivants, la nuit, aux morts [...] Nous voyons constamment les âmes errantes trembler d'être surprises par le jour. Une puissance supérieure

— celle de Dieu, déclara le christianisme — les contraint
de regagner, souvent à regret, les résidences diurnes qui
leur sont assignées[5].

L'oppression mélancolique du soir et de la nuit semble en
effet gagner davantage ceux et celles qui sont souvent résignés à
entendre des bruits insolites ou à découvrir, au fond de la
chambre ou en quelque espace mal éclairé, la confuse présence
d'un défunt. C'est bien le soir et la nuit, en effet, que les Beaucerons doivent faire face à leurs peurs; soixante-dix récits situent d'une part des *connaissances* qui les ont ébranlés alors
qu'il faisait encore *brun* et, d'autre part, des manifestations du
même ordre qui ont eu cours pendant la nuit (35 versions), plus
lourde et énigmatique que le jour.

Treize fois, cependant, les informateurs racontent des expériences qui ont été vécues le matin, alors que cinq personnes ont
été mystérieusement visitées l'après-midi. D'autres récits, au
nombre de vingt-deux, soulignent vaguement le jour comme
seul indice temporel des *connaissances*, alors que vingt-trois
versions escamotent complètement le moment de la journée où
s'est déroulé le fatidique événement.

Il est à remarquer, par ailleurs, la précision avec laquelle certains informateurs cadrent le récit qu'ils nous livrent; à preuve
ce sacristain réveillé brusquement cinq minutes avant l'angélus
du matin. D'autres annotations du temps sont également bien
circonscrites, mais rarement : midi juste, le soir à six heures,
deux heures du matin, deux heures et demie du matin, trois
heures du matin constituent les exemples que nous avons recueillis. De notre corpus se détache enfin un seul récit qui se
déroule à minuit, une heure que Sébillot associe pourtant aux
merveilles et aux épouvantements :

C'est quand elle sonne qu'à certaines époques la terre ou
la mer s'écartent pour laisser à découvert les édifices en-
gloutis ou les trésors cachés. Suivant une croyance bretonne, les morts ouvrent alors les yeux, et presque partout, c'est le moment où les hommes sont le plus exposés
à la rencontre et aux entreprises des puissances nocturnes[6].

5. Lebraz, *op. cit.*, t. I, p. XLV
6. Paul Sébillot, *Le folklore de France*, Paris, E. Guilmoto, 1904, t. I,
   pp. 144-145.

La fréquence

Le cri d'alarme du défunt ne trouve pas toujours réponse sur-le-champ; aussi n'hésite-t-il pas à tenailler celui dont il sollicite l'aide autant de fois que sa demande n'a pas été comprise. Dans les récits analysés, toutefois, cent quarante versions indiquent une seule visite du revenant. Les autres récits déterminent explicitement la fréquence du retour du défunt.

A l'intérieur de cet élément temporel, nous discernons d'abord des *connaissances* qui se répètent sur une courte période; dans quatorze récits, la durée des visites se répète trois fois. Une si faible proportion déçoit sûrement la vieille croyance bretonne suivant laquelle "tout mort, quel qu'il soit, est obligé de revenir trois fois[7]".

A ce groupe, nous en ajoutons un deuxième qui ne craint pas de multiplier ses intimidations : pendant une semaine ou un mois, huit ou dix nuits consécutives. Une de nos versions présente même une défunte qui revient coucher pendant un an avec son ami, suivant la promesse qu'elle lui avait faite de son vivant. On songe aussi à l'extraordinaire aventure que vécut toute une famille, à la suite de la mort accidentelle de N... L...; pendant deux mois, à la même heure, la jeune A... C... fut visitée par ce jeune homme. Nous demeurons cependant assez perplexes sur l'histoire de ce voleur de choux à qui Monsieur Léonce Vachon prête un entêtement démesuré : celui de revenir huit fois cogner à la tête du lit de Mme E... R...; dans une variante de ce récit, il semble que trois visites aient suffi pour que la femme dépossédée ait compris que C... G... venait implorer le pardon de sa faute.

Enfin, dans un dernier groupe, sont englobés ceux qui reviennent à certains intervalles décrits de façon moins déterminée : pendant un certain temps, à plusieurs reprises, plusieurs jours ou plusieurs soirs.

7. Lebraz, *op. cit*, t. II, p. 151.

2. Les circonstances de lieux

Les récits de revenants que nous avons recueillis dans la Beauce relatent également des faits ou des expériences se situant dans un cadre réel. Ce cadre défini, vous l'avez partout sous vos yeux. C'est la chambre mortuaire d'un époux ou la cuisine dans laquelle les grands-parents décédés vous regardent encore; c'est un ruisseau destiné au grand lavage du printemps; c'est le Moulin des Fermes situé au pied du côteau de Saint-Joseph; c'est aussi la route à Goton sise dans le rang sept de Saint-Ephrem. Nous sommes donc bien loin de ces pays étranges et merveilleux dans lesquels évoluent les héros fictifs des contes, et dont on se divertit sans trop y croire.

Dans la Beauce, les funèbres rencontres de revenants ou les manifestations perceptuelles de ceux-ci se déroulent dans des lieux qui font légion. Notre tradition diffère peu, là-dessus, de celle de la Bretagne, où le pays des morts est partout :

Il semble qu'en entrant dans la tombe, ils entrent du même coup dans l'autre vie. Ils revivent donc, en définitive, aux lieux mêmes où ils ont toujours vécu. Le séjour des morts se confond avec celui des vivants. Il n'est plus ici ou là, dans tel canton terrestre ou dans tel îlot marin; il est partout [...]; il s'étend aussi loin que s'étend la Bretagne, et c'est le pays breton tout entier qui devient à la lettre le pays des morts[8].

Revivre aux lieux où ils ont toujours vécu, voilà l'ambition des revenants dans les cent soixante-quinze versions que nous ont relatées les informateurs beaucerons; elles situent en effet les personnages concernés dans leur milieu de vie. Par ailleurs, contrairement à ce que les histoires des morts peuvent sembler nous faire croire, les défunts qui, pour diverses raisons, ne restent pas tranquilles dans leur couche funèbre, évoluent dans des endroits plus diversifiés que le cimetière ou les routes de campagne; ils s'acheminent plus souvent vers leur ancienne demeure, visitant presque toutes les pièces de la maison, depuis la cave jusqu'au grenier, en accordant cependant leur préférence à des appartements plus intimistes, notamment la chambre; les

---

8. Lebraz, *op. cit.*, t. I, p. XLIV

annexes et les dépendances de la maison sont également fréquentées par les esprits des défunts, qui viennent aussi errer dans des lieux topographiques dont les frontières sont communes. Autour de ces lieux, que nous avons regroupés suivant leur parenté physique, se détache cependant une thématique que nous étudierons après avoir donné le plan des lieux où se manifestent les revenants.

Lieux où se manifestent les revenants

1. Habitation et dépendances (133 versions)

   a) l'intérieur de la maison (93 versions)
      1. chambre (44)
      2. cuisine (26)
      3. salon et salle familiale (6)
      4. grenier (4)
      5. étage supérieur (4)
      6. cave (3)
      7. aucune pièce spécifiée; dans la maison en général (6)

   b) les annexes (10 versions)
      1. galerie (5)
      2. toiture (2)
      3. dépense (1)
      4. tambour (1)
      5. autre (1)

   c) les dépendances (22 versions)
      1. grange; fenil et abords de la grange (7)
      2. étable; *tasserie* et abords de l'étable (8)
      3. écurie (2)
      4. bergerie (1)
      5. hangar (1)
      6. espace reliant la maison à l'écurie ou à l'étable (3)

   d) l'extérieur de la maison (8 versions)

2. Lieux de services communautaires (11 versions)
   a) cimetière (4)
   b) presbytère et église (4)
   c) couvent (1)
   d) hôpital (1)
   e) magasin général (1)

3. Abris isolés (8 versions)
   a) *cabane à sucre*; abords d'une *sucrerie* (7)
   b) camp de bûcherons (1)

4. Lieux topographiques limitrophes (23 versions)
   a) routes de campagne (10)
   b) forêts (8)
   c) rivière et ruisseau (2)
   d) pâturage (2)
   e) terre (1)

5. Autres lieux (3 versions)
   a) rue de village (2)
   b) maison non habitée (1)

6. Lieux non précisés (5 versions)

Thématique des lieux de manifestations

Associée plus que tout autre lieu à la nuit et à la mort, on ne s'étonne pas que la chambre soit le cadre physique préféré des êtres d'outre-tombe; quarante-quatre récits localisent en effet des *connaissances* ou des apparitions qui se sont déroulées dans cette pièce favorable au mystère, aux confidences, aux secrets. Il s'établit en effet dans la chambre des communications intimes que ne permettront pas autant les autres pièces, notamment la cuisine, lieu de séjour habituel fréquenté par les voisins et les parents. Ajoutons à cela le fait que, si la chambre avait vu mourir un parent prochain, elle devenait dès lors un lieu propice à la peur et aux épouvantements. Une informatrice de Saints-Anges nous en donne une preuve éloquente; le soir de la mort de son mari, elle voulut maîtriser sa peur en se montrant assez brave pour coucher dans le lit mortuaire, là même où était décédé son mari : "i' était mort *sus* mon côté", souligne l'informatrice. Celle-ci n'était pas aussitôt couchée qu'elle sentit quelque chose de froid sur son oreiller. Il lui fallut s'adresser personnellement à son époux (''Laisse-moi!'') pour que sa peur se dissipe. Le même sentiment de crainte reliée à cette pièce funèbre fera dire à une autre informatrice ce que plusieurs familles traditionnelles ont dû vivre :

> Quante memére Nadeau est morte, fallait nous monter en haut avec une lampe; toutes les filles se t'naient par la main; on avait assez peur qu'on pensait qu'i' avait des bruits.

Soulignons enfin que la chambre a participé plus que tout autre lieu à l'univers intime des gens : témoin principal des grands cycles de la vie de l'homme, elle l'a vu naître et mourir, tout en favorisant chez lui l'obsédante pensée de la mort :

> C'est là que l'homme se repose et s'endort chaque soir. Au terme des jours de labeur, il étend ses membres fatigués et il attend le sommeil, ce phénomène mystérieux qui ne manque pas d'analogie avec le phénomène redoutable de la mort. Et comment ne pas penser parfois à la mort, dans les instants qui précèdent ou qui suivent le sommeil? Il faut y penser d'autant plus que la mort, quand elle frappera son coup, s'approchera de nous sournoisement et ne nous permettra pas toujours une préparation directe[9].

C'est donc dans cette pièce secrète, perçue naguère comme ''station suprême[10]'' de l'homme, que le peuple situe le plus fréquemment les confidences qu'un parent ou un ami défunt ne peut venir étaler au grand jour. La chambre devient, à cet effet, un autre monde qui entre dans mon monde quotidien.

A la chambre s'adjoignent quelques autres pièces fréquentées occasionnellement par les revenants; à l'exception de la cuisine (26 versions), noyau physique de la vie quotidienne et sanctuaire de la femme isolée de son mari, ces lieux sont représentés faiblement en regard de la chambre des parents. Mentionnons d'une part le salon, un lieu traditionnellement hermé-

9. Louis Rouzic, *La Maison*, Paris, P. Téqui, 1924, pp. 78-79.
10. *Ibid.*, p. 86.

tique qui faisait office de chambre funéraire et, d'autre part, la cave et le grenier, destinés à entreposer "toutes dés affaires *épeurantes*"; nous sommes un peu surpris de n'avoir pas recueilli plus de faits qui soient cadrés dans ces deux endroits dangereux à fréquenter, car "on y allait quante on avait affaire; on y allait pas pour rien!"

A l'instar de la chambre, nous plaçons au rang de lieux importants les dépendances qui entourent la maison; vingt-deux récits se déroulent ainsi dans la grange, l'étable, l'écurie, la bergerie, le hangar ou dans un espace qui relie la maison à l'un ou l'autre de ces bâtiments. Ces lieux suscitent, comme la chambre, la possibilité d'une communication intime; ils sont sécurisants pour le paysan qui, à travers une besogne routinière, ouvre davantage son esprit à tout phénomène qui l'entoure. Le froissement des sabots du cheval, le déplacement d'un chat sur une poutre, les ombres de la nuit viennent parfois rompre cette sécurité, et seront quelquefois interprétés en fonction des craintes ou des angoisses de l'homme. Un de nos récits souligne, d'un autre côté, la conception que l'on donnait parfois à ces bâtiments, qu'il était dangereux de fréquenter le soir à cause des êtres de nuit qui s'y aventuraient. Un farceur avait ainsi prévenu Armand Jacques, de Tring-Jonction, qui voulait aller chercher des outils dans l'écurie sise à l'arrière de la maison : "Fais attention, lui avait-il dit, tu peux t'êt' b'en voir l'pére Dophe dans grange, là!" La transgression du brave homme, qui s'était ri des morts dans une phrase irrespectueuse[11], fut sévèrement punie.

Le monde des revenants et des *connaissances* s'anime également autour de lieux caractérisés par leur isolement géographique et susceptibles ainsi de devenir le théâtre d'aventures supranaturelles. Dans la Beauce, ces lieux sont ceux où l'homme se retrouve très près de la nature, le plus souvent dans une grande solitude qui l'incite à se mettre en quête d'une présence ou à côtoyer la peur qu'accentue quelquefois la nuit, porteuse de dangers dont la cause est surnaturelle. Nous avons relevé quelques récits situés dans des *cabanes à sucre* ou aux abords

---

11. "Dés pères Dophe, avait répondu A... J... ça en prend plusieurs pour me faire peur!"

d'une *sucrerie*, sur des routes de campagne désertes ou dans des bois. Ce dernier lieu présente des particularités de nature à prêter au merveilleux: depuis les reflets du soleil couchant sous les grands ombrages jusqu'au bruit du vent dans les arbres qui produit parfois des harmonies curieuses et impressionnantes. La forêt, c'est aussi le lieu où se terrent toute une série de personnages fantastiques qui ont peuplé nos peurs d'enfants. Sébillot y fait notamment la retraite du diable, des sorciers, des géants, des dames vertes et des hommes blancs ainsi que des fées sylvestres ''qui se plaisaient à faire entrer dans leur ronde les hommes qui passaient, après le coucher du soleil, dans les clairières où elles avaient coutume de s'ébattre[12]''.

Le peuple beauceron fait également vagabonder les morts dans des lieux de services communautaires dont le plus évocateur est sans doute le cimetière. Ce lieu sacré est caractérisé par l'espèce de promiscuité qui y règne entre la vie et la mort; une promiscuité signifiée dans sa situation géographique, puisque le cimetière occupe souvent le centre du village. Témoin de mises en scène de douleurs et de larmes, ce lieu n'offre pas, dans la Beauce, tout l'intérêt qu'il suscite chez les revenants français, par exemple :

> On les y voit agenouillés sur des tombes ou groupés au pied du calvaire; quelquefois ils se promènent et même dansent une sorte de ronde[13].

Quatre récits seulement cadrent des manifestations de défunts dans ce lieu où l'on ne se rendait jadis que pour rendre un hommage pieux à un parent ou à un ami disparu. Le cimetière constituait donc un monde clos où il ne fallait s'aventurer que pour ''l'admirable commerce entre le fils vivant et le père décédé, entre la mère et la fille, entre l'époux et l'épouse, entre la vie et la mort[14]''. Un monde terrifiant aussi, ainsi que le déclare une informatrice : ''On connaissait pas trop ça! C'était un lieu d'peur certain!'' Le nombre restreint de versions est sans aucun doute lié à l'hermétisme de ces lieux. Y aller, c'était désirer la

---

12. Sébillot, *op. cit.*, p. 264.
13. *Ibid.*, pp. 145-146.
14. Siméon Mondou, *Les Cimetières catholiques de Montréal*, Montréal, Imprimerie du Messager, 1911, pp. 11-12.

rencontre de l'au-delà, provoquer les revenants. C'est pour cela que les Beaucerons préféraient suivre le conseil traditionnel : restons chez nous.

Le premier chapitre est venu nous conter comment le revenant se manifestait. De l'idée de force qui se dégage, et de la polyvalence des formes, nous avons pu voir la volonté du revenant à se manifester.

Le deuxième chapitre vient nous révéler que le revenant choisit l'espace et le temps de ses visites. Il choisit l'heure propice : la fête calendaire (Noël, la Toussaint, le Jour des Morts) et même la fête de son anniversaire. Et lorsque ces dernières ne suffisent plus, il revient plusieurs fois (et même pendant un an durant, selon une version) entrer en communication avec les vivants. Le désir de se manifester en vient ici encore plus apparent.

Mais, sous ces manifestations, quels désirs se cachent-ils? Ce revenant vient, avec force même. Mais pourquoi? Pour obtenir quelle chose de ces lieux où il a vécu? De ces gens qu'il a connus? C'est ce que nous étudierons dans le dernier chapitre.

LES FINALITÉS DES MANIFESTATIONS

La dernière partie de notre étude descriptive des revenants de la Beauce québécoise a voulu situer les finalités ou le pourquoi de ces communications d'outre-tombe, au sujet desquelles se dégage, avant tout, une inquiétude ou une crainte qu'Henri Bolo évoque dans *Nos communications avec les morts.* Voici d'ailleurs ce qu'il écrit à ce sujet :

> Rien n'est avéré dans ces visions, rien n'est certain dans ces fantômes, rien n'est indiscutable dans ces récits sans contrôle positif: qu'importe, si tout y est inquiétant? Les âmes en peine, les spectres en feu [...], les visages mélancoliques, les fronts voilés de deuil ne viennent pas visiter les vivants pour leur donner la foi [...] Ils viennent pour inspirer de l'inquiétude[1].

Ceux que nous avons perdus ne nous ont donc vraiment pas quittés. Et, aussitôt qu'ils ont franchi l'autre monde, il semble clair que notre mystique les autorise à prolonger leur existence terrestre pour se prévaloir le plus souvent de droits bien humains. Ainsi, au cours de ce dernier temps de notre travail, dégagerons-nous les raisons pour lesquelles nos morts se manifestent. Ces raisons, nous le verrons bien, se rallient à des champs d'action assez diversifiés. Une première catégorie de défunts, sûrement heureux dans l'au-delà, viendront exercer sur

---

1. Henri Bolo, *Nos communications avec les morts*, cité dans Martin Jugie, *Le purgatoire et les moyens de l'éviter*, Paris, Lethielleux, 1940, p. 97.

terre une aide concrète qui se manifestera de plusieurs façons : sous forme de support physique et moral, d'avertissement et de services divers. Un autre groupe, par contre, visitera les vivants "parce que, pour une raison ou une autre, il n'a pu entrer dans le lieu de son futur séjour[2]". Le plus souvent, ces revenants tenaces viendront solliciter un secours religieux, dont dépend leur délivrance plus ou moins prompte; occasionnellement, l'aide exigée du vivant se fera sous la demande explicite d'un service.

A ces défunts qui reviennent solliciter de l'aide s'ajoutent ceux qui revendiquent certains droits au nom de la justice; eux aussi n'ont pas encore mérité le séjour des bienheureux, s'il faut en croire les nombreuses versions qui, avouons-le franchement, adhèrent si bien au code beauceron de la justice. Nous tournerons ensuite notre attention vers ces morts qui reviennent sur terre pour punir toute une série d'actes répréhensibles, depuis des délits très mineurs jusqu'à des fautes qu'on peut croire moins pardonnables. Enfin, nous soulignerons d'autres raisons, assez anodines, pour lesquelles le défunt revient déranger les vivants. Voyons donc de plus près ce qui incite les revenants beaucerons à venir inquiéter les leurs...

1. Aide accordée

Il semble bien que les âmes de ceux et celles qui ont mérité le Ciel soient presque les seules à pouvoir entretenir avec les vivants des relations bienfaisantes. Ainsi, dans trente-huit des versions du répertoire beauceron, les morts reviennent voir leur demeure et leur famille, pas du tout pour les effrayer, mais pour leur procurer une aide tangible; ces versions rejoindraient la vieille conception primitive de l'Anaon voulant que la vie terrestre ne soit qu'un passage entre une vie éternelle antérieure et une vie éternelle supérieure; ainsi, vivants et morts voisinent, constituant deux sociétés organisées à peu près de la même manière.

2.   Jean-Claude Dupont, *Le légendaire de la Beauce*, Québec, Éditions Garneau, 1974, p. 43.

Sous forme de support physique et moral

L'attachement des défunts à l'endroit des leurs se manifeste en premier lieu par le support qu'ils daignent apporter à ceux et celles qu'ils ont côtoyés de très près durant leur vie terrestre. On ne sera pas étonné, alors, de découvrir que, même dans l'au-delà, la mère de famille ne puisse tromper la vigilance qu'elle a toujours assurée à ses enfants. Sa présence physique et morale, nous la trouvons bien sentie dans sept versions du légendaire beauceron sur la mort. Trois d'entre elles situent l'intervention miraculeuse de mères qui viennent prêter secours à leurs enfants dans des situations pénibles concrètement décrites. Ainsi, un jeune homme perdu dans le bois aurait été protégé par sa défunte mère ("Si c'était pas sa mère, c'était la Sainte-Vierge", précise l'informateur); la nuit venue, celle-ci apparaissait à son fils "un drap blanc su' elle" et se hâtait de le réchauffer à l'aide d'un petit feu. Nous situons dans le même champ d'action la version à l'intérieur de laquelle une mère indique à son fils, perdu dans la forêt, la bonne voie du retour. Mais la compétence de la mère pour la vie pratique se fait davantage sentir dans ce récit où elle accomplit, après sa mort, la besogne de nettoyer un plancher sous les yeux de ses deux fillettes.

Dans certaines versions, la protection de la mère n'est pas révélée avec toute la clarté des faits antécédents. Ici, par exemple, un père apprend de ses enfants qu'en son absence, sa défunte femme "est venue bercer le petit"; ailleurs, deux jeunes enfants, demeurés seuls à la maison en un soir d'automne, voient soudain s'animer la chaise dans laquelle leur mère avait coutume de se bercer : "C'ést maman qui vient s'barçer icitte", se serait alors écriée la fillette concernée.

Par ailleurs, la mère garde encore après sa mort son rôle de consolatrice; à cet effet, un informateur de Saint-Joseph se souvient encore des paroles réconfortantes que sa mère lui adressa après sa mort : "Tu désirais m'voir? B'en j'su's v'nue à soir! T'as b'en d'la peine, mais laisse c'te peine-là d'côté, pa'ce tu n'as assez à 'voir dans l'long d'ton règne!" C'est du même informateur que nous tenons une version rappelant un autre des attributs essentiels de la mère : celui de conseillère auprès de ses enfants. Dans le cas présent, il s'agit évidemment de la crédulité exagérée d'un bûcheron qui, à l'audition d'une voix inattendue provenant d'un compagnon dissimulé, interprète immédiatement cette intervention dans le sens d'une visite de sa défunte mère :

-Goth! Goth! s'écrie le revenant caché derrière un arrachis.
- C'ést-t'y *mouman*, ça, qui parle?
- Oui, c'ést moé! Quand on prend une job, on la *rajeuve*. Si c'ést pas dans c'monde icitte, c'ést dans l'autre monde!
- Oui, mouman! j' va's la raj'ver!

Presque de la même façon, le retour du père nous indique que le trépas ne change rien à la condition de l'homme et que, dans l'esprit du peuple, le mort n'est pas privé des sentiments nobles qui l'habitaient de son vivant. On pense à ce père venu confier un secret à sa fillette et désireux par là de veiller sur elle, ou bien à cet autre père qui apparaît à son fils sans autre motif que celui suggéré par l'informatrice : "i' vit avec moé! Mon p'tit gars l'voit, là! I' doit viv' avec nous autres!"

C'est aussi en sa responsabilité d'époux que l'homme revient à la maison où il a vécu. Monsieur Georges-Henri Nadeau, de Vallée-Jonction, évoquera la tendresse d'un père défunt qui retournera chez lui à plusieurs reprises après sa mort; aussitôt entré dans la maison, il se dirigeait vers le berceau de son bébé et s'informait auprès de sa femme du *train* et des animaux, en lui recommandant toutes sortes de menues choses. Également, à Saint-Séverin, un dénommé E... L... aurait donné à sa veuve des conseils sur l'art de gérer le magasin : "De cela, tu peux en acheter, car ça se vend bien! Mais telle autre affaire, achètes-en pas, car tu ne vendras pas cela!" souligne Mlle Valéda Richard. Un autre mari fantômatique viendra revoir sa femme pour la mettre en garde contre le bon-à-rien qui la courtise:

T'es t'en *décide* de t'marier avec un tel, lui aurait-il dit. Tu sais comment c'qu'on l'considérait, c'gars-là! Marie-lé pas. Si tu l'maries, i' t'arrivera du malheur!

Nous trouvons enfin beaucoup de sollicitude chez cet homme qui, au matin du Jour de l'An, s'empressa de rassurer sa veuve éplorée : "Préoccupe-toi pas; tu auras le plus beau

Jour de l'An de ta vie!'' Cette affection se mesure encore dans un des récits de Mme Armand Bolduc, de Beauceville, qui souligne le désarroi de la veuve L... B... après la mort de son mari :

> J'disputais *après* mon mari. J'disais : quoi ça veut dire? Ça fait si longtemps qu'i' ést mort p'is ça donne pas d'*connaissances*! On sait pas quoic'qu'i's font. On sait rien!

Les désirs de Mme L... B... furent largement comblés lorsque son mari vint une nuit l'embrasser :

> Ça l'a réveillée! A s'ést senti embrassée! A côté d'elle, c'tait chaud, là! On a'rait dit qu'i' avait couché avec elle!

Mme Armand Bolduc commente ainsi le geste du revenant :

> I' a seulement fait voir comme de quoi qu'i'était à maison avec elle! Qu'i' l'aimait encore, pa'ce qu'i' l'a embrassée! Et puis qu'i' a couché avec en voulant dire qu'i' ést toujours avec elle!

Le dernier exemple de support moral apporté par un défunt nous est présenté dans une version provenant du comté de Dorchester. En voici le cadre. Une jeune fille, hospitalisée à la suite d'un accident au cours duquel sa soeur L... était décédée, la vit surgir dans sa chambre vers l'heure où l'on fermait le cercueil; L... venait lui dire de ne pas pleurer, car elle soutiendrait sa famille dans les moments pénibles qu'ils allaient vivre après sa mort.

Sous forme d'avertissement

Ils accomplissent une aide précieuse, aussi, ces revenants qui se préoccupent de la vie morale de ceux dont ils sont séparés physiquement; ils se manifestent alors pour inciter un parent ou un ami à modifier leur comportement humain. Trois versions le montrent bien. Dans l'une d'elles, un homme dépourvu de tête s'entretient pendant une heure avec deux paysans à qui il aura soin de dire, avant de les quitter : "Changez de vie, ou b'en vous vous damnez!" Presque construit sur le même schéma, un autre récit relate les circonstances lugubres de l'apparition d'un défunt à un ami intime avec qui il avait mené une vie remplie de violence. Le revenant disparut après avoir transmis sa leçon de morale : "Change de vie, ne fais plus ce qu'on a fait ensemble!" Si la troisième version que nous évoquons ici ne comporte pas d'admonestation verbale, elle suggère néanmoins le secours qu'une mère voulut apporter à son fils, en le prévenant de cesser ses escapades en dehors du foyer conjugal. Le revenant beauceron n'hésite pas non plus à faire connaître aux siens le sort qui lui est réservé après sa mort. Treize versions, liées intimement par leur canevas symétrique, nous rappellent cette autre forme d'aide que le défunt peut apporter à sa famille en signalant qu'il a désormais atteint le séjour des bienheureux; on peut alors imaginer le réconfort moral suscité par ces *connaissances* pour la plupart attendues et désirées de la famille du défunt.

En effet, dans dix de ces treize versions, s'est établi, la plupart du temps sur le lit de mort du revenant, un pacte ou une convention suivant laquelle le vivant demande ou fait promettre à l'agonisant de lui donner un signe de son entrée au Ciel ou, tout simplement, de lui donner des *connaissances* après sa mort. Ce pacte, établi entre deux époux, entre une mère et ses enfants, entre un père et son fils ou entre deux frères, se cristallise toujours dans une formule stéréotypée, dont nous donnons ici quelques exemples. Ainsi, de leur vivant, Monsieur et Madame J... G... s'étaient dit : "Le premier de nous deux qui mourra donnera des nouvelles à l'autre quand il sera au Ciel!" Aussi, Monsieur G... ne s'alarma-t-il pas lorsque, après la mort de sa Vitaline, il fut surpris dans son travail par la vue d'un nuage imposant. Aussitôt il s'écria: "Si c'est toi, Vitaline, j'ai compris!" A Saints-Anges, également, Mme L... B... aurait dit à son mari agonisant : "Quand tu mont'ras au Ciel, j'voudrais qu'tu m'donnerais dés *connaissances*, pour m'laisser à savoir que t'és dans l'bon ch'min!"

On trouve par ailleurs une autre situation légèrement différente, mais qui rejoint l'inspiration des récits précédents. La demande d'un signe tangible qui puisse rassurer le survivant sur le salut du défunt ne se fait alors qu'après le décès de la personne. C'est ce qui se produit dans le cas de Monsieur A... J... de Tring-Jonction; désireux de connaître la destinée de sa femme récemment décédée, Monsieur J... s'agenouillait souvent au pied de l'autel de la Vierge. Après avoir récité une dizaine de son chapelet, il disait : "Georgianna, si t'és t'au Ciel, fais-moé lé voir!" Monsieur J... se montrait tenace dans son désir de revoir sa femme. Comme le souligne l'informateur, "j'forçais! J'voulais savoir où qu'ma femme était!" La même anxiété s'empara de Mme E... V... après la mort accidentelle de son fils. A la peine de la mère s'ajoutait une angoisse profonde exprimée ainsi :

I' ést-t'y dans l'bon ch'min? Odilon, si t'és dans l'bon ch'min, j'veux qu'tu viennes m'donner signe de que'que chose!

Nous avons volontiers apparenté le récit d'une vieille dame de 92 ans, Mme Wilfrid Binet de Saint-Séverin, aux versions précédentes. Le cadre en diffère sensiblement, mais nous y trouvons néanmoins la présence d'un avertissement, seul élément qui permette d'intégrer ce récit à ceux préalablement mentionnés. Il s'agit, en l'occurrence, d'un dénommé L... B... qui, huit jours après son départ pour l'Alaska, vint annoncer son propre décès au curé de Saint-Pierre de Broughton, afin que celui-ci pût ensuite l'annoncer en chaire à ses paroissiens.

Sous forme de services divers

L'aide bienfaisante des revenants se révèle aussi par le biais de services variés qu'ils semblent être en mesure de rendre aux vivants (5 versions). Un sacristain, par exemple, pourra sonner l'angélus du matin parce que les âmes du purgatoire ont bien voulu répondre à la demande expresse qu'il leur avait adressée : celle de le réveiller pour vaquer à ses devoirs de bedeau. Mme Wilfrid Vachon verra aussi son désir exaucé après qu'elle eût demandé à sa défunte mère : "Si vous voulez qu'on aille à messe, communier pour vous d'main matin, v'nez m'réveiller pa'ce que moé m'a passer droite..." On est un peu surpris, par contre, d'assister à la scène lugubre décrite par un informateur de Saint-Joseph; un quêteux assassiné s'asseoit dans sa tombe et, à la demande d'un curé, dénonce celui qui a provoqué sa mort. Il rendra service, aussi, cet oncle défunt qui a emprunté la forme d'un mouton pour libérer son neveu du remords de n'avoir pu le visiter au moment où "il était sur les *planches*".

2. Aide sollicitée

Demande d'un secours religieux

Elles sont peu nombreuses, les âmes des élus, en regard de celles qui doivent accomplir une pénitence en purgatoire et qui reviennent avant tout pour demander des prières susceptibles d'apaiser temporairement leurs souffrances ou de leur faire mériter définitivement le Ciel. La pensée chrétienne nous aidera ici à situer les cinquante-sept versions inscrites à ce répertoire et à l'intérieur desquelles les défunts-revenants viennent chercher, pour diverses raisons, le secours religieux (messes, prières, lampions) dont dépend peut-être leur délivrance.

La prière pour les morts n'est pas une innovation de l'Eglise chrétienne. Nous en voyons la pratique admise par tous les peuples et dans la plus haute antiquité; depuis le sauvage errant, qui emporte religieusement avec lui les ossements de ses pères, jusqu'au Grec et au Romain, si religieux observateurs des cérémonies instituées pour apaiser les mânes. La prière pour les morts est donc un fait universel, qui traduit le sentiment pour ainsi dire instinctif de pouvoir leur venir en aide :

Non seulement cette pratique, attestée dès l'Ancien Testament, a été consacrée par l'Église, mais elle reçoit d'elle un fondement dogmatique. L'unité du corps mystique, en vertu de laquelle tous les chrétiens ne forment qu'une seule famille, invite les membres de l'Église militante à secourir ceux de l'Église souffrante et leur en fournit les moyens[3].

A nous, donc, de pourvoir, par la messe et la prière, au soulagement et à l'entrée au Ciel des âmes du purgatoire, puisqu'il est "théologiquement assuré que leur délivrance plus ou moins prompte est entre nos mains[4]".

A l'exemple de l'Église, qui a intégré son rituel des prières spéciales pour les âmes des fidèles défunts, en demandant pour elles le lieu du rafraîchissement, de la lumière et de la paix,

---

3. *Dictionnaire pratique des connaissances religieuses*, publié sous la direction de J. Bricourt, Paris, Letouzey et Ané, 1927, t. V, p. 959.

4. Louis Rouzic, *Le purgatoire; pour nos morts et avec nos morts*, Paris, Pierre Téqui 1922, p. 235.

les chrétiens catholiques veilleront eux aussi à intercéder pour les trépassés : si des obligations spéciales les lient avant tout à leurs parents décédés, ils doivent aussi prier pour les âmes abandonnées :

> En ce monde, c'est déjà une si grande tristesse d'être sans parents, sans amis, sans secours. Au purgatoire, l'abandon est plus douloureux encore. Souvenons-nous des pauvres âmes dont nul ne se souvient[5].

Si les catholiques transgressent cette règle de charité bien ordonnée, il leur semble tout à fait normal que les défunts le leur rappellent en venant eux-mêmes réclamer des prières.

On connaît bien, par ailleurs, la vieille conscience professionnelle exprimée par le peuple à peu près en ces termes : je te l'ai promis, je vais te le donner. Ce contrat, parfois lourd de conséquences, apparaît manifestement dans trente et une versions du répertoire beauceron et justifie la raison d'être des *connaissances* que nous évoquerons maintenant. Au-delà de la tombe, en effet, les défunts attendent impatiemment le paiement religieux qu'un parent ou un ami leur a assuré en reconnaissance d'une faveur obtenue par les mérites du défunt. Mais il leur faudra souvent intervenir directement pour rappeler aux vivants qu'ils ont malheureusement oublié la messe, le chapelet ou le lampion promis à des occasions diverses. Ainsi, Mme A... T... de Saints-Anges, eut un jour recours aux âmes du purgatoire les plus délaissées; après leur avoir promis une messe, elle put obtenir l'emploi qu'elle cherchait et mettre ainsi fin à l'ennui qui la minait. C'est seulement neuf mois plus tard que les bonnes âmes lui rappelèrent sa promesse. Il avait fallu pour cela que la jeune fille se rendît voir le curé de la paroisse, l'abbé Deslauriers. Il interpréta ainsi les bruits dont elle était témoin depuis trois jours :

> I's attendaient après vot' messe, i' avait peut-être ça, là, qui lés t'nait dans l'purgatoire! Fallait qu'i's fassent quelque signe. Si vous aviez pas eu peur, si vous aviez pas eu d'signe, vous l'auriez jamais donné, vot' messe. A l'avenir, quand vous promettrez d'quoi aux âmes du purgatoire, donnez-leu'; i's en ont besoin.

---

5. *Ibid.*, pp. 254-255.

Dans des circonstances analogues, A... L... de Robertsonville, avait été embauché dans une manufacture par l'interces-
sion d'un cousin-soldat décédé depuis belle lurette. Mais, pour
des raisons incontrôlables, il n'avait pu encore régler son
compte avec le cousin; ce dernier vint bientôt troubler son sommeil. A... L... désireux d'éclairer la question, se rendit voir un
prêtre, qui lui fit part de l'observation suivante :

> C'ést vrai que tu peux avoir eu des *connaissances* de lui,
> parce que le bon Dieu donne la permission à un mort
> qu'i vienne vous réveiller lorsqu'on paye pas ce qu'on lui
> a promis!

C'est effectivement ce qui se produit dans d'autres récits où
les faveurs procurées par le défunt n'ont pas trouvé de reconnaissance auprès des vivants. Peu importe qu'il s'agisse d'un
objet retrouvé, d'une chasse fructueuse, de la guérison miraculeuse d'une jument, ou d'autres faveurs non spécifiées, les
morts en viennent toujours à réclamer leur dû.

C'est monnaie plus courante que le revenant signale sa présence pour faire savoir à un intéressé qu'on a oublié de lui
payer la messe (ou les prières) promise avant son décès (3 versions) ou à l'occasion même de sa mort (15 versions). D'autre
part, une seule version voit une pauvre veuve se faire rappeler
par son mari qu'elle a omis de faire chanter les messes inscrites
sur son testament. Une négligence différente se retrouve dans le
récit de Monsieur Valère Roy, où un quêteux, après sa mort,
s'est vu promettre des messes en échange d'articles hétéroclites
devant désormais appartenir à la famille qui l'avait hébergé de
son vivant.

Un autre groupe de versions, au nombre de vingt-six, ressemble beaucoup aux récits précédents. De nouveau, nous
sommes en face de "demandeurs qui provoquent des bruits ou
des phénomènes étranges, afin de faire comprendre aux leurs
que, sur la célébration d'une messe, cesserait la punition qu'ils
subissent pour leurs fautes[6]". La seule distinction d'avec les
versions antérieures consiste dans le fait que le tribut religieux

---

6. Roy, *op. cit.*, p. 128.

exigé du revenant ne repose pas sur une promesse explicite. Mais le retour du défunt deviendra l'occasion toute choisie de déclencher chez la personne visitée une prise de conscience du sort malheureux réservé à telle ou telle âme du purgatoire. Une mère pourra alors s'écrier :

Si c'ést quelqu'un qu'a besoin d'quelque chose, de prières, ou qui vient chercher quelque chose qu'on lui doit, on lui donne p'is j'lui paierai une grand'messe.

C'est donc dire que le souvenir demandé par l'Église et attendu des trépassés demeure avant tout le souvenir religieux, "qui, par tous les moyens enseignés par l'Église, s'ingénie à ouvrir le Ciel, afin que la grâce divine tombe sur le purgatoire et que, du purgatoire, les âmes montent vers le Ciel et s'élancent vers la gloire[7]".

Demande d'un service

Le sort des âmes souffrantes consignées dans les versions beauceronnes n'implique pas toujours une assistance religieuse. Quelques-unes sollicitent une aide qui n'épouse pas la forme de prières ou de messes. Ainsi, une revenante décédée accidentellement priera sa mère de lui procurer des vêtements neufs : "Maman, aurait-elle dit, il va falloir que je m'achète des vêtements; ceux-là sont tous brisés". Une autre défunte demandera à sa voisine, Mme A... B... de lui rendre un service, en tentant d'obtenir le pardon d'un homme qui avait naguère travaillé pour la revenante sans que celle-ci n'ait pu le payer de son vivant. Le malheureux homme ignorait évidemment la raison pour laquelle son travail n'avait pas été rétribué; sa patronne était devenue folle et irresponsable de ses agissements. Aussi, après la mort de celle-ci, persistait-il à garder en lui une rancune qu'il exprimait en ces mots : "A va l'brûler! A m'a pas payé, a va l'brûler!" En usant de stratagèmes, l'informatrice, fidèle à la demande de la revenante, réussit à apaiser l'homme :

J'y ai mis ça beau, dit-elle; j'y ai dit : tu vas monter au Ciel, pardonne-y! Tu peux monter au Ciel tout *drett'*

---

7. Rouzic, *op. cit.*, p. 227.

peut-êt'! Tu d'iras peut-êt' pas au putgatoire! Tout ça!
J'y ai mis ça b'en beau!

Les exigences du revenant N... L... sont plus considérables
dans la version de Mme Léandre Caron, de Saint-Joseph; c'est
beaucoup demander à une mère, en effet, que de lui laisser en
otage sa jeune fille de deux ans, sous prétexte qu'il lui manque
un enfant pour monter au Ciel. Plus différent de ton est ce récit
où un minuscule bonhomme vient demander pardon à sa fille
d'avoir été si déplaisant alors qu'il était encore de ce monde.

3. Accomplissement de la justice

"Savez qu'on a un compte à régler, dés fois. Dés fois, une
personne monte pas *drette* en haut". Ce commentaire d'un informateur de la Beauce pourrait être mis en exergue aux vingt-
quatre versions qui situent une autre classe de revenants beaucerons : ceux qui doivent accomplir une pénitence en purgatoire
parce que, de leur vivant, ils ont transgressé la justice humaine,
en négligeant de régler une dette, de rembourser des biens
acquis malhonnêtement, ou parce qu'ils ont fraudé quelqu'un
dans un autre type de manoeuvre déloyale. Aussi, en vertu du
préjudice plus ou moins grave porté à quelqu'un, sans le réparer de leur vivant, soit par omission volontaire, soit par impossibilité, ou parce que les circonstances ont rendu impossible la
réparation, ces revenants se voient contraints d'intercéder auprès des vivants; leur délivrance à court ou à long terme ne dé-
pend-elle pas de l'attention que les vivants porteront à s'acquitter pour eux de cette tâche?

Les revenants qui n'ont pu, de leur vivant, régler la dette
contractée envers quelqu'un semblent avoir été animés, avant
leur mort, de bonnes dispositions morales. Quelques versions
laissent ainsi croire qu'un compte non soldé représente une
forme d'injustice que l'on ne daigne pas traîner jusque dans la
tombe. On pense plus spécialement à cette femme qui devait
une somme d'argent à deux jeunes filles ayant travaillé à son
service. Au cours de sa dernière maladie, elle les fit venir à son
chevet : "Je suis malade, leur dit-elle; si je viens à mourir, mort
ou en vie, je vais vous payer!" Il en fut de même pour un

pensionnaire de Monsieur Cyrille Labbé, de Vallée-Jonction, qui dut quitter la maison sans avoir réglé ses comptes. Avant son départ, il laissait à son patron ces paroles : "J' va's t'payer, Cyrille! Si j'te paye pas, j'veux que l'gros diable m'emporte!" Il arrive par contre qu'un homme refuse carrément de faire justice à quelqu'un; tel ce paysan venant d'accomplir un marché avec son voisin et qui s'écrie : "La vache, j' t'la paierai pas!" Lésé dans ses droits, le créancier laisse déjà planer l'ultime menace : "Tu veux pas m'la payer? Si tu viens qu'à mourir, tu viendras m'la d'mander!"

D'autres constantes apparaissent dans ces dix récits construits sur la même logique populaire. Alors que sept revenants s'adressent directement à la personne avec laquelle ils sont en compte, afin que celle-ci leur fasse remise de la dette, trois autres revendicateurs choisissent d'interpeller une tierce personne qu'ils chargent d'une mission précise, celle de régler la dette auprès du créancier. Il pourra s'en suivre alors une longue conversation du type de celle que nous rapporte un informateur :

- Qu'est-ce que tu fais là, toé? demanda un paysan à un revenant niché sur la toiture de sa *cabane à sucre*.
- Moé, j'su's ton deuxième voisin! répondit le revenant.
- T'és mort? C'pas toé? C't' une ment'rie qu'tu m'fais. C'ést que'qu'un qui m'fait dés tours!
- Non! C'ést moé! Moé, j'su's mort, tu l'sais, ça fait quatre ans. Je d'vais vingt-cinq piass' à un homme p'is j'y ai jamais denné. Ça f'sait dépassé trent'ans; j'avais pour mon dire qu' c'était prescrit! Mais mon âme était pas prescrite, elle! Tu vas aller y denner!
- C'tait pas moé qu'avait c'te dette-là, c'était toé!
- Oui! Mais j' su's mort! J'peux pas aller y payer. Tu vas aller d'y payer, c'est b'en mieux pour toé, parce que tu vas avoir affére à moé! Vas-y, p'is r'tarde pas plus tard que demain soir!

Nous annexons ici deux variantes assez intéressantes de revenants qui se présentent au nom de la justice, mais sous une note qui diffère un peu des récits précédents. Dans l'une de ces versions, une famille apprend par l'intermédiaire d'un curé la provenance des manifestations qui la harcèlent depuis une semaine.

Le prêtre a tôt fait de trouver le mot de l'énigme :
Pensez à vot' affaire, leur dit-il. C'ést pa'ce que vot' mur
ést pas payé p'is c'ést pour vous fére penser de payer
c'mur-là!

Quant à l'autre récit, si nous ne l'avons pas incorporé aux
autres, c'est qu'il se trouve seul à illustrer l'action d'un reve-
nant-créancier; il s'agit en l'occurrence d'un avocat malhonnête
qui, de son vivant, avait prêté à L... R... une somme d'argent
dont il réclamait le triple du prêt. L'avocat cupide, une fois décédé, ne laissa tranquille l'honnête débiteur que lorsque celui-ci
lui eût remis son dû.

Si, de leur vivant, les défunts ont atteint aux biens du prochain par le vol qualifié ou habilement dissimulé, ils daigneront
bien, eux aussi, venir réclamer le pardon de leur faute. Ces vo-
leurs émérites n'ont certes pas oublié la rancune laissée chez celui ou celle qui s'est vu ravir des objets aussi disparates qu'un
gallon de sirop, des épinettes, des poids de fer, une toile cirée
ou de beaux choux. A quatre reprises, en effet, nous trouvons
exprimée solidement, chez la personne lésée, la rancune reliée à
la disparition subite d'un objet. Et c'est déjà inciter le voleur à
venir tôt ou tard reconnaître sa faute que de s'écrier, comme un
informateur nous le rapporte : "Més choux, j' t'lés denne pas!
Tu 'és gagneras l'aut'bord!" Cette phrase tendancieuse martèle
plus d'un récit et adopte parfois plus de violence, comme en
fait foi l'extrait suivant : "j' i' donne pas! Si i' meurt avant
moé, i' viendra m'la d'mander ou b'en non i' pâtira en purgatoire pour l'expier!"

D'autres manoeuvres déloyales réclament elles aussi réparation auprès des victimes de l'injustice du revenant. C'est ainsi
qu'un horloger défunt, dont l'âme était en peine quelque part,
tenta un jour de venir réparer l'horloge défectueuse qu'il avait
vendue à un client. Mais sa visite ne porta pas fruit, car il se fit
apostropher en ces termes :

Cré bougue! Quand t'avais bon pied, bon oeil, t'étais pas
capable d' l'arranger! B'en, astheure, sacre ton camp!

Une autre forme d'injustice, aussi, que celle de ce curé qui,
de son vivant, avait partagé inégalement le blé qu'il devait dis-
tribuer à ses paroissiens; aussi fut-il condamné à revenir sur
terre pour effacer sa faute.

Cependant, au-delà de ces versions, priment les trois récits colorés des dérangeurs de bornes. Trois versions, donc, se regroupant dans la même structure. Le fait se déroule toujours au Moulin des Fermes, situé au pied du côteau de Saint-Joseph. C'est là que, la nuit, l'on peut entendre les plaintes d'une âme en peine, désireuse de réparer le geste malhonnête posé de son vivant : celui d'avoir déplacé les bornes d'un terrain afin de gagner un bout de terre sur la propriété du voisin. Le Braillard des Fermes — puisque la Beauce le désigne généralement ainsi — s'évertue à crier à qui veut l'entendre: "Où la mettrai-je? Où la mettrai-je?" Il ne sera délivré que lorsqu'un passant charitable aura la présence d'esprit de lui répondre: "Mets-là où c'que tu l'as pris, maudit! P'is lâche-moé tranquille!"

Nos dérangeurs de bornes, à l'exception du nom dont on les a surnommés, s'inspirent trop bien de leurs parents bretons; Anatole Lebraz a d'ailleurs fort bien synthétisé cette vieille légende française lorsqu'il la décrit et commente ainsi :

Il y a beaucoup de champs qui sont divisés en parcelles, appelés en breton tachennou. Ces parcelles ne sont, en général, délimitées que par des bornes en granit placées à chaque angle. Or, il ne manque pas de gens peu scrupuleux qui, ayant acheté ou loué une de ces tachennou, vont, de nuit, déplacer les pierres bornales afin de gagner un bout de terre sur la propriété du voisin. De là des contestations fort longues et sur lesquelles les tribunaux sont presque toujours hors d'état de se prononcer, puisqu'il n'y a jamais eu d'arpentage préalable et que les bornes seules font loi. Le plus souvent, le voisin lésé n'a de recours qu'en la justice de Dieu. C'est donc devant elle qu'il assigne le coupable en disant: Puisse la pierre que tu as déplantée peser de tout son poids dans la balance de tes péchés, au seuil de l'autre monde! Aussi n'est-il pas rare que l'on rencontre, la nuit, par les chemins ruraux [...] des gens courbés en deux sous le faix d'un lourd bloc de pierre qu'ils ont une peine infinie à maintenir en équilibre sur leur tête. Ils se traînent avec accablement et vont répétant, d'un ton lamentable, la même question éternelle, à tous les passants qu'ils croisent :
- Pelec'h a lakim mé héman? (où poserai-je ceci?)

Ce sont les Anaon, des déplanteurs de bornes, que Dieu
condamne à errer ainsi sur terre, en quête du point précis
où était primitivement placée la pierre bornale, sans qu'ils
le puissent retrouver par leurs seuls moyens. Pour les déli-
vrer, il faut que quelque vivant ait la présence d'esprit de
leur répondre : - Laket anezhan e lecc'h masa (Posez-le
où il était)[8].

4. Exercice du droit punitif

Le peuple accorde aux revenants un autre pouvoir : celui
d'exercer la justice en punissant toute une série d'actes repré-
hensibles (17 versions) que les défunts ont le privilège de ne pas
laisser dans l'ombre. Les plus fréquentes de ces transgressions,
au nombre de treize, ont été commises à l'adresse même du défunt et cristallisent tout le respect que le peuple doit vouer à ses
morts. Les vivants se souviendront, au moment de ces manifestations, qu'on ne doit jamais se moquer des défunts, comme le
fit un fanfaron en ridiculisant un pauvre homme décédé subitement sur sa chaise. Le farceur, venu rendre visite au défunt
exposé dans sa maison, s'était irréligieusement écrié :
I' était assez lâche qu'il a même pas eu le cran d'aller
s'coucher pour mourir; i' ést mort assis su' sa chaise!
La blague de l'homme fut naturellement punie dans la même
soirée, comme celle aussi d'une personne qui s'était moquée de
deux infirmes en leur lançant le défi suivant : "Les deux vieux
qui sont morts, i's vont v'nir me r'conduire p'is j'a'rai pas peur
à monter!" Deux autres individus apprirent à leurs dépens qu'il
n'était pas convenable de choisir le site d'un cimetière, l'un
pour y simuler un fantôme de nature à effrayer des amis,
l'autre pour relever une gageure en plein soir de la fête des
Morts.
Ceux qui se vantent de ne pas avoir peur des *connaissances*,
ou qui affirment carrément ne pas y croire du tout, verront
s'abattre sur eux le châtiment des visites nocturnes des reve-

---

8. Fouquet, *Contes et chansons populaires du Morbihan*, cité dans Anatole
Lebraz, *op. cit.*, t. II, pp. 72-73.

nants, qui frappe aussi ceux qui se dérobent à leurs obligations religieuses, le jour de la fête des Morts.

Trois exemples de transgressions commises en ce jour sacré sont soulignés dans les récits beaucerons; dans les trois cas, il s'agit de personnes qui ont refusé de se rendre à l'église ou de réciter leur chapelet, accordant leur préférence à des activités plus prosaïques ou plus divertissantes.

La sévérité du revenant s'exerce enfin à travers d'autres sanctions qui viennent réprouver des fautes tantôt minimes, tantôt plus flagrantes. Ainsi, quand P. V... de Beauceville, remarqua le comportement bizarre de son cheval, il eut tôt fait de penser : "C'ést ma femme qui me fait ça parce que je l'ai *maganée*". L'homme, en effet, n'avait pas été tendre à l'endroit de sa défunte femme qu'il avait souvent battue durant sa vie de ménage. L'offense sera plus grande quand toute une population portera atteinte à la réputation d'une jeune fille. Il semblerait, dans le récit de Francine Pouliot, que les habitants d'un village se seraient évertués à tenir des propos malveillants sur le compte d'une dénommée F... qui avait conçu des jumeaux hors mariage. Après sa mort, la jeune fille devait naturellement revenir se venger auprès de ses concitoyens.

5. Autres finalités

La raison d'être du retour du défunt ne se rallie pas toujours aux grands champs d'action qui lui sont généralement dévolus et sur lesquels nous nous sommes longuement attardés en vertu de leur représentation quantitative. Ainsi, un groupe de dix autres versions évoquent des revenants qui interviennent pour des raisons diverses et quelquefois anodines. Certains prennent plaisir à jouer des tours ou, plus surprenant encore, à jouer la comédie, en s'obstinant pour des futilités. A ce propos, il faut écouter le récit d'une des rares informatrices à avoir pu s'amuser avec un revenant en lui proposant le pari suivant :
- Moé j'dis : j'va's aller à messe demain matin! J'va's aller communier aussi!
- Ah! tu pourras pas communier! répondit le revenant Chabot.
- Oui! J' d'y va's communier, çartain! Tu vas voir!

Le lendemain matin, Mme Bolduc se rendait à l'église, déjà assurée de triompher de son adversaire : "Hein! Hein! pensait-elle en elle-même. Chabot! J' d'y va's à messe, hein?" Mais la pauvre femme arrêta chez son frère et oublia qu'il ne fallait pas boire d'eau pour se présenter à la sainte table. C'en était fait de son pari! Chabot avait gagné!

La même informatrice fut davantage ébranlée lorsque des revenants plus incommodants l'assaillirent un bon soir, sans doute pour importuner celle qui déclare à leur sujet : "J'cré qu' c'ést à cause que j'les aime trop" ou "J' n'avais pas peur *pantoute*, j'aimais ça! J'ai pas peur dés *connaissances*, moé!" Ce soir-là, notre informatrice, raconta son aventure à sa fille, qui la rassura en ces mots énergiques :

Arrête un peu! Là, c'ést fini, ça! J'va's y aller coucher avec toé, à soir, p'is ça va finir, c't affére-là!

Effectivement, le calme régna dans la maison peu après que la fille de notre informatrice fut rendue chez sa mère. Semble-t-il que, ce même soir, la visiteuse se serait écriée :

Ça va sortir assez raide! La porte va s'ouvrir p'is tu vas voir sortir ça [...] p'is a l'disait assez d'bon coeur que j'ai jamais attendu pas aucun p'tit bruit après ça!

A côté de ces revenants qui ne troublent pas vraiment, même s'ils agacent un peu ceux avec qui ils entrent en contact, nous remarquons d'autres spécimens qui reviennent pour des raisons plus sérieuses : soit pour signaler leur damnation éternelle, pour annoncer qu'ils sont possédés du diable, ou pour assouvir une vengeance fomentée de leur vivant. Il serait enfin permis à un revenant de réclamer le pardon qu'un ami ne lui aurait pas accordé à l'occasion d'une chicane.

6. Champ d'action indéterminé

Si la majorité des récits beaucerons sur la mort campent gé-néralement bien l'intervention des revenants, il se trouve par contre vingt-sept anecdotes que nous n'avons pu rattacher aux rubriques déjà analysées. Dans certains cas, à cause de la forte schématisation du récit, nous ne trouvons pas d'élément qui puisse indiquer le type d'action du revenant.

La situation contraire existe dans deux versions, assez riches de détails, mais où se glisse la confusion relative à l'acte du revenant.

A trois reprises, des revenants visitent des parents qui leur en ont fait la demande expresse; ils signalent alors tout simplement leur présence, sans demander prières ou messes, sans accomplir rien de bien défini. On peut dire la même chose de plusieurs récits qui ne s'éclairent que sous ce jour : ceux que nous avons perdus continuent à nous suivre et à nous envelopper de leur présence.

Au nombre de ces vingt-sept versions se rangent en dernier lieu quatre anecdotes de faux revenants dont il serait naturellement difficile d'établir le champ d'action.

CONCLUSION

Somme toute, avons-nous appris, à travers ce corpus de récits populaires, que "les vivants ont des obligations envers les
morts, obligations qu'ils seraient enclins à oublier sans cette
possibilité qu'ont les morts de se manifester[1]". Aussi nous a-t-il
semblé juste de jeter un regard descriptif, et en même temps
analytique, sur des textes dont la plus haute valeur réside, à
coup sûr, dans l'unité de ton qui les regroupe, ainsi que dans la
multiplicité de leurs variantes.

Autant de récits sur la mort ouvraient, au départ, de multiples avenues à notre étude. Avant tout, en la présentant sur ce
ton, ce travail démontre qu'encore aujourd'hui les vivants sen-
tent le besoin de vivre avec leurs morts. Si cette étude ne l'a pas
établi aussi clairement qu'elle le souhaitait, elle a au moins
laissé voir, à la lumière constante des dires de nos témoins, que
la présence du revenant est toujours bien ressentie lors de ces
communications d'outre-tombe. Présence physique, d'abord,
révélée par une variété de perceptions sensitives qui corrigent
l'image stéréotypée connue par le peuple. Ainsi le revenant,
tantôt discret ou plus volontaire, choisira-t-il de se manifester
autrement qu'en un "personnage à tête de mort enveloppé d'un

---

1. Madeleine Ferron et Robert Cliche, *Quand le peuple fait la loi*, Montréal,
Hurtubise, 1972, pp. 47-48.

grand suaire blanc[2]"; pour être bien entendu, pour être bien vu, il se présente avec toute l'imagination que lui donnent les Beaucerons dans leurs récits. Qu'il cogne ou frappe, qu'il se présente dans un corps humain ou dans celui d'un animal, il est toujours là, bien présent, attentif à la vie terrestre dont il continue à suivre le rythme. Point n'est surprenant, non plus, qu'il revienne hanter les lieux fréquentés de son vivant et habités encore par ses parents ou amis. La même familiarité du revenant lui dira de revenir en des temps subjectifs analogues aux autres constantes de ses visites.

Présence physique, donc, perçue de façon aussi variée que sa présence morale, celle-ci nous ayant été connue par le biais des finalités ou du pourquoi des manifestations. Donner des avis salutaires, faire des reproches, intéresser les vivants à leur sort, obtenir des prières, autant de motifs au nom desquels se présenteront les revenants beaucerons et par lesquels ils exciteront la compassion des vivants.

Au-delà de la teneur ou de la portée de ces récits, puisqu'il n'est pas de notre ressort de les discuter ou de rassembler les preuves de leur certitude, demeure l'image combien belle et poétique des gens simples qui détiennent ces bribes de tradition orale. Il est regrettable de ne pas pouvoir ici leur laisser la parole et le geste. Car, avec leur langue imagée et pleins de leur foi chrétienne, tous ces gens nous ont parlé de leurs morts dans des termes et des attitudes physiques excluant le moindre doute sur la réalité des expériences qu'ils ont vécues ou qu'ils détiennent d'une personne digne de foi. C'est ce que nous devons retenir, avant tout. Le paysan et l'ouvrier croient sincèrement avoir vu, avoir entendu. Aussi, tout bonnement, sans recherche d'éclat ni d'émotion théâtrale à créer, vont-ils quelquefois glisser dans leur narration les preuves qui tendent à forcer notre adhésion. Comme cette dame de Saints-Anges qui terminera son récit en nous faisant part d'une réflexion riche de sens :

Quelques années après, i' a poussé une talle de rosiers à la place où c'que Monsieur Perreault a apparu. Aujourd'hui, le rosier vit encore.

2. Madeleine Doyon, "Rites de la mort, dans la Beauce", *Journal of American Folklore,* vol. 67, no 264 (April-June, 1954), p. 145.

Tout près de cette réflexion, voici les mots qu'emprunte un informateur pour décrire l'angoisse connue par sa mère après avoir vécu un événement peu commun :
C'est tellement vrai, c'est tellement vérifiable que, elle a eu tellement d'angoisse à c'moment-là que, aujourd'hui elle est rendue à 78 ans et elle ne veut plus vous le raconter parce que ça lui fait vivre des moments épouvantables. Et elle nous le redit encore avec émotion aujourd'hui après peut-être une quarantaine d'années.

Sur ces deux témoignages pourraient se greffer tant d'autres annotations qui apparaissent, d'ailleurs, dans le dossier des cent soixante-quinze récits qui accompagnent notre étude. Qu'il nous suffise ici de reconnaître, avec Henri Bolo, que "toutes ces communications sont faites en des conditions qui imposent, sinon la croyance absolue, du moins un respect sans mélange[3]".

Aussi, à la toute fin de cette étude, pouvons-nous croire que tant de récits sur la mort représentent clairement le fruit de notre désir de revoir nos parents et amis défunts :
C'est plus qu'un culte des morts, dira Mme Madeleine Doyon-Ferland à ce sujet. C'est un besoin pour les vivants de vivre avec leurs morts. L'homme a un goût morbide pour le spectacle de ses malheurs, et il se plaît à étaler ce qui lui rappelle ses chers disparus[4].

Il est évident, d'autre part, que ces récits, situés pour la plupart dans un contexte historique assez particulier, s'inscrivent dans une toile de fond qui nous a également été connue à l'occasion des mêmes enquêtes folkloriques. Cette peur des morts n'était-elle pas amorcée par la dernière image que l'on conservait d'eux? Celle qui nous les fait voir gisant sur des tréteaux, dans une chambre mortuaire peu rassurante pour la famille en deuil. Cette vision lugubre et traumatisante s'est aujourd'hui atténuée mais n'a guère supprimé un sentiment instinctif chez l'homme : celui d'une mort qu'on n'arrive jamais à apprivoiser et que l'on veut s'expliquer rationnellement. Aussi

---

3. Bolo, *op. cit.*, p. 97.
4. Doyon, *op. cit.*, p. 146.

Mme Madeleine Ferron a-t-elle pu écrire sagement ce que lui
ont enseigné ces récits sur la mort :
    Cette contribution personnelle d'un vivant au salut éternel
    de ses parents le projette d'une façon anticipée dans un
    monde supra-terrestre. Si nous ajoutons à ce rôle celui de
    la Mort personnalisée qui s'approche ou s'éloigne, nous
    sommes peut-être en face d'une façon saine de conjurer
    cette angoisse qu'il est normal de ressentir devant la fata-
    lité de sa propre mort[5].

Enfin, devons-nous ajouter que ces nombreux récits, véhi-
culés encore aujourd'hui dans la tradition orale, situent l'informateur beauceron dans sa foi chrétienne, une des composantes
de sa personnalité. On pourrait croire que, jusqu'à il y a une
vingtaine d'années, de pareils récits aient pu édifier les fidèles
ou les remplir d'une salutaire terreur.

Reste un fait bien certain : des Beaucerons qui ne se seraient
jamais risqués à dire un conte merveilleux, par crainte de n'en
avoir pas le talent, nous sont apparus comme d'excellents con-
teurs, outillés d'un riche vocabulaire, doués d'une fine psycho-
logie, en nous débitant ces récits qui font partie de leur entou-
rage, même de leur vie propre. Le conteur, nous l'avons cons-
taté tout au cours de nos enquêtes, n'est pas artiste seulement
quand il traite de sujets frivoles. Il l'est surtout quand il laisse
sortir de son coeur des récits qui le touchent de près. Ses morts,
ses *connaissances*, le Beauceron ne nous en parle pas sans nous
faire connaître son âme, son talent, et sans nous forcer à respecter ses convictions.

5. Ferron et Cliche, *op. cit.*, p. 54.

RÉCITS

1. Le bûcheron

C'est un jeune homme; il avait dix-huit ans. Il avait jamais été dans le bois. C'était la première fois qu'il allait travailler dans les chantiers. Puis là, il a demandé de l'ouvrage au boss. Ça fait que le boss, il a été lui montrer du bois, hein? Un prend un bord, l'autre prend l'autre bord. Puis le boss prend un chemin, puis il lui montre, là, puis il lui dit : "Bûche icitte! Commence-toi un chemin icitte puis bûche!" C'était dans l'après-midi, ça. Puis on était plusieurs hommes; on était cent-huit à cent vingt hommes. Chacun avait son bord, chacun avait ses chemins. Toujours bien, lui, la première après-midi, il voulait en faire pas mal pour voir comment qu'il était pour faire de gages. Il était à la job, on était toutes à la job. Il s'est laissé ennuitté, il a travaillé jusqu'à la nuitte. Là, quand il est venu pour s'en venir au camp, il était à peu près à un mille et demi du camp. Là, il s'est écarté. Il a marché. Il a été dix jours écarté. Puis c'était dans l'hiver. Il y avait ça d'épais de neige. Il faisait pas chaud. Il faisait frette. C'était la saison de l'hiver. C'était au commencement de décembre, ça. Puis là, c'était le troisième camp de nous autres, ça. C'était pas notre camp. C'était le troisième camp. Ça pouvait être à quatre milles de nous autres. Là, ils l'ont cherché. Il y avait peut-être une affaire de quatre-vingts hommes qui a cherché, là. En tout cas, ça été au bout de dix jours qu'il a été trouvé. Son linge était tout déchiré; on y voyait les jambes. Sa chemise était déchirée, sa frock. Tu sais, il avait marché dans les branches. En tous les cas, il avait été dix jours écarté, il avait couché dix jours dehors. C'était pas chaud, dehors. Il avait seulement pas d'allumettes sus lui. Il fumait pas, rien. Sans manger. Il avait rien à manger. Si ça avait eu été l'été, il y aurait eu des fruitages, quelque chose qu'il aurait pu manger. Mais c'était dans l'hiver. Il y avait proche deux pieds de neige. Ça fait que ils l'ont trouvé au bout de dix jours. Il était pas fort, le gars. Dix jours sans manger! Il tricolait puis il était rendu peureux. Une personne va être longtemps dans le bois; là, il devient farouche comme une bête de bois, vous savez. Il vient peureux. Quand ils l'ont vu, ils lui ont lâché un cri, puis il a parti pour se sauver. Là, il a tombé à terre. Là, il pouvait plus marcher. Ils l'ont sorti au chemin dans leurs bras puis ils l'ont amené à notre camp.

Il a dîné à notre camp. C'était sus le coup du midi, ça. On était toutes après dîner, puis ils ont arrivé avec ce jeune homme-là. Ça été un émoi terrible quand ils ont arrivé. On le pensait mort, nous autres. Vous savez, ça se parlait partout. Puis là, il s'est assis. Ils l'ont fait dîner, mais il a guère mangé. Quand ça fait dix jours qu'une personne a pas mangé une bouchée, faut pas qu'il prenne un gros repas, hein? Ils l'ont fait manger de quoi de léger, puis là le cook s'est mis à le questionner. Puis nous autres, on était toutes là, hein? On avait retardé pour s'en aller à l'ouvrage pour l'écouter parler. Puis ça, il l'a conté à nous autres. Il disait comment il avait eu de la misère puis qu'il avait eu de la misère. Dans le jour, il marchait sans arrêter, tu sais. On a dit : "Quand venait la nuitte, là?" Bien il dit :

Je me couchais au pied d'un arbre. Quand la noirceur prenait, là, ma mère venait avec moi, elle arrivait. Elle était habillée en blanc, un drap blanc sur elle, puis elle avait soin de moi. Elle arrivait avec deux draps sous le bras, elle s'abrillait puis elle se couchait avec moi. Quand il faisait trop froid, elle allumait un petit feu à nos pieds.

C'était sa mère qui était morte qui venait à son secours, la nuitte. Il l'a conté comme ça. Oui, oui, il nous l'a conté : "puis elle m'abrillait avec deux couvertes. Puis j'avais jamais frette la nuitte. Ma mère était avec moi. Mais quand venait le petit jour, elle disparaissait; je ne la voyais plus."

Il avait dix-huit ans, ce jeune homme-là. Si c'était pas sa mère, c'était la Sainte Vierge. Mais il dit : "elle ressemblait à ma mère; c'était le parler de ma mère." Elle disait : "Prends pas de trouble, ils vont te trouver!" Elle lui disait ça. "C'est toujours ça qui m'a tient le courage parce que, des fois, j'avais envie de me décourager. Je me voyais en aller, j'étais pris pour mourir." Elle m'a dit : "Tu mourras pas, ils vont te retrouver. Décourage-toi pas!" Vous savez qu'on rouvrait les yeux, nous autres, se faire conter ça. Puis il était sérieux, le petit gars! Parce qu'il serait mort, il aurait gelé, hein? Dix jours sans manger, c'est pas mal, vous savez. En tout cas, ils l'ont conduit à l'hôpital, à Québec, pour le soigner, le renforcir. Il était trop affaibli, l'estomac trop diminué de pas manger. Il marchait, puis ils le tenaient par les bras. Il était fini, fini. Il dit : "Ma mère m'a toujours dit de dire des mots de prières puis tu mourras pas; ils vont te retrouver!"

Ça, c'est une permission du bon Dieu!

Ce récit a été raconté le 11 décembre 1974, à Saint-Joseph de Beauce, par Monsieur Léonce Vachon, alors âgé de 75 ans. Monsieur Vachon l'a entendu conter par le jeune homme qui a vécu le fait il y a une trentaine d'années.

2. La poupée

Quand mon père est mort, j'avais un an et demi. Et puis, à l'âge de cinq ans, on avait de la visite chez nous! une institutrice avec une de ses petites nièces. Puis ma soeur Lucia, elle me demande : "Valéda, veux-tu que j'aille chercher ta poupée pour la montrer à la petite nièce de l'institutrice?" Ah bien j'ai dit : "Lucia, c'est à moi la poupée! Viens avec moi puis c'est moi qui vais la descendre." Elle m'a répondu : "Si tu veux pas que je la descende moi-même, va la chercher toi-même!"

Ça fait que j'y suis allée. Je monte en haut et puis j'ouvre la porte; il y avait un lit dans la chambre. A l'autre coin de la chambre, c'était mon petit berceau avec la poupée qui était couchée dedans. Je prends ma poupée puis, comme je me retourne pour descendre en bas, il y avait un homme qui sortait en dessous du lit. Comme à plein ventre, par exemple; il avait la tête en l'air puis il me regardait. Puis là, moi, j'ai eu peur puis j'ai descendu en bas puis j'ai conté ça à maman. Maman m'a dit : "Tu sais toujours bien, Valéda, c'est parce que tu avais peur. Il n'y a pas personne en haut!"

Puis, au bout de quelque temps, je vais dans le salon avec maman. Puis je me mets à regarder les portraits sur les murs. Je dis à maman : "C'est cet homme-là que j'ai vu en dessous du lit!" Maman m'a dit : "Mais, pauvre Valéda! C'est ton papa!"

Ce récit a été raconté le 28 janvier 1975, à Saint-Séverin de Beauce, par Mademoiselle Valéda Richard, alors âgée de 73 ans. Mlle Richard a vécu le fait en 1907.

3. Georgianna

Ma mère est morte, moi, quand j'avais trois ans. C'était en 1916. Dans la même année, un de mes frères et une de mes soeurs sont morts tous les deux. Quand ma mère est morte, mon père est resté seul avec tous ses enfants. C'était pas trop plaisant pour lui, hein! Mon père, dans ce temps-là, était obligé de remplacer le sacristain, de temps en temps, pour chauffer les fournaises de l'église. Dans ce temps-là, les fournaises chauffaient au bois. Quand il y avait la messe du dimanche, ou des retraites, fallait que les fournaises se chauffent la nuit. Puis mon père, c'était pas l'peureux. Il partait avec un fanal dans l'église. Il traversait toute l'église, à la noirceur. On appelait ça un chemin couvert, ce qui partait de l'église à la sacristie, puis de la sacristie à la cave. Rendu aux fournaises, là, il allumait son fanal, puis il chauffait ses fournaises. Dans l'hiver, là, fallait chauffer ça jour et nuit. Quand venaient les retraites, les dimanches, fallait que ça se chauffe jour et nuit. Ça fait que mon père partait à deux heures, deux heures et demi du matin, la nuit, sans lumière, puis il s'en allait chauffer ça. Il rentrait dans l'église. Ça craquait. Craque, craque, craque, craque, craque... Puis c'était pas l'peureux mon père! C'était un homme qui était capable de marcher n'importe où. Mais, après que sa femme a été morte - ma mère s'appelait Georgianna - chaque fois qu'il passait devant l'autel de la Sainte Vierge, il s'agenouillait puis il récitait une dizaine de chapelet. Après sa dizaine il disait : "Georgianna, si t'es au ciel, fais-moi le voir!" Après ça, il partait puis il allait chauffer sa fournaise. Quand il revenait, il arrêtait encore devant l'autel de la Sainte Vierge. Il disait une bonne dizaine de chapelet puis il disait : "Georgianna, si t'es au ciel, fais-mois le voir!" Puis, comme il dit, "je forçais! Je voulais savoir où que ma femme était!" Il a fait ça trois jours de temps. Le troisième jour, il s'en va encore à l'église. En rentrant, il dit encore sa dizaine de chapelet. Il dit : "Georgianna, si t'es au ciel, fais-moi le savoir!" Il va chauffer sa fournaise; il éteint son fanal comme d'habitude, puis il s'en revient encore à la noirceur. Il arrive à l'autel de la Sainte Vierge. Il se met encore à genoux puis il recommence sa dizaine de chapelet. Il n'avait pas récité deux "Je vous salue, Marie" qu'il entend un vacarme pareil comme si l'église lui avait eu écrasé le dos. Ça été final. Il dit : "Là, j'ai laissé ma dizaine de chapelet puis j'ai sorti!" Là, il dit : "Georgianna m'a répondu!"

> *Ce récit a été raconté le 9 juin 1975, à Tring-Jonction [Beauce] par Monsieur Armand Jacques, alors âgé de 62 ans. Natif de Saint-Frédéric de Beauce, Monsieur Jacques tient ce récit de son père Augustin, qui l'a lui-même vécu en 1916.*

4. La main en feu

C'était une fille qui sortait avec un garçon puis elle l'aimait beaucoup. Elle avait dix-sept ans puis le garçon lui avait dit, après une veillée : "Moi, en tous les cas, si tu couches pas avec moi, j'te laisse! Tu me revoiras plus le visage!" Puis ça, une fille, ça a le coeur tendre, des fois. Puis elle, pour pas y déplaire, elle a couché avec. Ensuite, elle est allée à confesse, cette fille-là, puis elle cachait ce péché-là. Elle le disait pas au prêtre. Si elle l'avait eu dit au curé, elle aurait été pardonnée. Mais elle pouvait pas se décider de dire ça. Elle disait toute ce qu'elle avait à dire; mais ça, elle l'avait toujours caché.

Toujours, rendue à vint ans, elle a décidé de s'en aller sus les soeurs pour essayer à effacer ce péché-là. A force de faire tant de sacrifices puis de prières, tu sais, elle dit : "M'a effacé ce péché-là!" Elle a sorti un peu avec d'autres garçons, mais ça l'intéressait pas beaucoup. Elle avait toujours ce péché-là qu'elle avait gardé. Puis c'était une bonne soeur, ça. Elle, elle priait! Puis des chemins de croix puis c'était épouvantable! C'était une sainte, hein! Puis, toujours, elle a tombé malade puis elle est morte. Puis là, bien, les soeurs dans le couvent priaient pour elle. Puis elles priaient à tous les soirs, puis elles priaient. Ça faisait quelques mois qu'elles priaient pour elle; puis elles priaient longtemps. Un moment donné, elles ont entendu un bruit puis elles ont vu une main étampée en feu après le mur. Là, elle dit : "Priez plus pour moi, je suis damnée! J'ai caché un péché tout le temps de ma vie. J'avais couché avec un garçon puis je l'ai jamais déclaré quand je me suis confessée. Priez plus pour moi, je suis damnée! C'est pour rien, vous perdez votre temps!" Ça finit là.

Ce récit a été raconté le 11 décembre 1974, à Saint-Joseph de Beauce, par Monsieur Léonce Vachon, alors âgé de 75 ans. Monsieur Vachon le tient d'une maîtresse d'école du nom de Zélie Doyon. Le fait se serait déroulé il y a environ 175 ans.

5. L'homme sans tête

C'était deux voisins, ça. Puis la chicane était tout l'temps pris. Puis c'était les deux beaux-frères. Puis un jour, ils faisaient leur train. Puis la femme y était, la Philomène, là, puis Paul. Quand ils ont eu fini de faire le train, ils ont sorti de l'étable. Il y avait des pièces, là, du long de la grange, du long de l'étable. Ça fait que il y avait un homme, là, mais pas de tête. Ça fait que ils sont assis, puis il leur a parlé, là, lui. Et puis ils étaient tous les deux, Philomène puis Paul. Il leur a parlé. Comme Philomène a dit, ils ont été une heure qu'ils ont parlé avec cet homme-là. Les dernières paroles qu'il leur a dit, il dit : "Changez d'vie, ou bien vous vous damnez!"

Puis ma mère a eu connaissance de ça; ce Paul-là, il a resté le deuxième voisin de l'autre bord de chez nous. Puis il pleurait quand il contait ça. Il pleurait. Il était toujours en chicane avec son voisin. Et puis l'autre qui est venu lui parler, qui avait pas de tête, là, il l'a connu par son habit, par sa blouse. Il l'a reconnu; c'était un des frères de sa femme qui était mort. Oui. C'est lui qui leur a parlé. Puis quand il a parti, là, il dit : "Changez d'vie, ou bien vous vous damnez!" Philomène est venue; moi, j'en ai eu connaissance. Elle est venue deux fois chez nous. Puis la fois qu'elle a conté ça, là, elle était chez nous. Paul était mort, lui, dans ce temps-là. Elle, elle était veuve; elle était rendue à Québec.

Ce récit a été raconté le 14 novembre 1974, à Saints-Anges de Beauce, par Monsieur Alphonse Bisson, alors âgé de 88 ans. Monsieur Bisson, le tenait de sa mère, Madame Cézarie Vaillancourt ainsi que de Madame Paul Nadeau [Philomène Turmel]. Le fait s'est déroulé vers 1900.

6. Le soldat

Monsieur Adonias Laplante m'a raconté un jour qu'il avait
vendu sa terre, à Saint-Elzéar, et puis il s'était en venu demeu-
rer au village de Sainte-Marie dans l'intention de travailler à la
shop de chaussures. Alors ça faisait quelques semaines que
Monsieur Laplante était rendu à Sainte-Marie puis il avait donné son nom à la shop, mais il n'avait pas encore été demandé.
Un bon jour, il dit : "Je vais promettre une messe à mon cousin qui a fait de l'armée puis que ça fait une dizaine d'années
qu'il est mort; si je suis appelé prochainement pour aller travailler, je vais payer une messe pour le repos de son âme."
Chose qui est arrivée quelques jours après; il a été appelé pour
aller travailler. Il avait dit : "A ma première paye que je re-
cevrai, je payerai ma messe". Alors sa première paye qu'il a
reçue, c'était un samedi. Il est arrivé un agent d'assurances; il
est venu le solliciter puis il lui a fait prendre l'assurance. Alors,
en payant sa première prime, il n'avait pas d'argent pour payer
sa messe.

Alors, après qu'il a été couché, le soir, tard dans la nuit, il a
entendu un bruit près de la maison. La même chose que si c'é-
tait un aéroplane qui aurait passé au-dessus de la maison. Quelques minutes après, il a entendu marcher dans la maison. Des
pas d'un soldat... boum, boum, boum... des grosses bottes. Ça
marchait comme un soldat dans la maison. Il a écouté ça, il a
réveillé sa femme puis il dit : "Entends-tu?" Elle dit : "Oui!"
Il dit : "Je gage que c'est mon cousin qui est ici puis c'est lui
qui marche dans la maison. Je lui ai promis une messe puis je
suis pas capable de la payer demain matin."

Adonias m'a dit : "Je me suis assis sur mon lit puis j'ai re-
gardé dans la porte de la chambre, puis je l'ai vu habillé en soldat dans la porte. J'ai dit tout de suite : "Alphonse, je vais te
payer ma messe prochainement, laisse-moi tranquille!" Alors il
a disparu. Le lendemain matin, Adonias est parti pour aller
voir Monseigneur Feuilletault pour lui parler de ça qu'il avait
promis une messe puis la chose telle qu'elle était arrivée. Monseigneur Feuilletault lui a dit : "C'est vrai que tu peux avoir eu

des connaissances de lui, parce que le bon Dieu donne la permission à un mort qu'il vienne nous réveiller lorsqu'on paye
pas de ce qu'on lui a promis!''

*Ce récit a été raconté le 26 février 1975, à Vallée-
Jonction, par Monsieur Alfred Vachon, alors âgé
de 74 ans. Monsieur Vachon, natif de Saint-Séverin
de Beauce, l'a entendu conter par Monsieur Adonias Laplante, de Robertsonville [Comté de Mégan-
tic]. Le fait s'est passé à Sainte-Marie de Beauce, en
1930.*

7. Isaac Dulac

C'était un Monsieur Isaac Dulac, ça. Il faisait du sucre; il avait une grosse sucrerie. Dans ce temps-là, bien, ils n'avaient pas de bouilleuses comme aujourd'hui, puis des réservoirs qui amènent l'eau dans la bouilleuse. C'était des pannes à sucre. Ça avait à peu près deux pieds et demi de large, à peu près sept pieds de long. Puis il y avait deux poignées chaque bout. On remplissait ça. On allait chercher l'eau dans des cuves, dehors, puis on vidait ça dans les pannes. Puis quand ça bouillait, ça diminuait, là. Là, fallait aller remplir. J'en ai fait du sucre. Moi-même.

Puis, à un moment donné, il était vers minuit. Tout à coup, Isaac Dulac entend marcher en raquettes. Puis la neige était dure. Tu sais, la nuit, ça gelait sur la croute, là. Puis en arrivant à ras la cabane à sucre, il cognait les raquettes ensemble, puis il les piquait à ras la porte. Il rentrait, cet homme-là, puis il s'assisait sus le seuil de la porte, dans la cabane, les mains dans la face. Ça fait que Isaac Dulac a été surpris, la première fois. Puis quand l'eau baissait dans les pannes, fallait qu'il aille chercher de l'eau dehors. Il poigne son seau, il arrive proche de l'homme puis il se tasse. Il laisse juste de la place à passer. Là, il trempait un seau d'eau puis il allait le vider. Du moment qu'il était rentré dans la cabane, il se rassisait toujours où il fallait qu'Isaac Dulac passe. Quand il venait pour sortir, il se tassait encore. Puis quand il rentrait, il se redéplaçait encore, puis il vidait le seau. S'il rentrait six seaux d'eau, c'était six fois qu'il fallait qu'il se tasse. Ça fait que ça faisait trois nuittes qu'il faisait ça. Tous les nuittes, à la même heure, à minuit, cet homme-là arrivait. Il cognait les raquettes, piquait les raquettes; il rentrait puis s'assisait. Isaac Dulac lui voyait pas le visage. Mais c'était un homme; il lui voyait les mains, toute.

Il était rendu qu'il aimait pas ça, Isaac Dulac. Puis c'était un homme qui était pas peureux, Isaac Dulac. Toujours, il parle de ça à sa femme. Il dit : "J'ai envie de cabaner. Je lâche toute ça, moi!" Sa femme a dit : "Ça a pas de bon sens! On est pauvres. C'est le seul petit coup d'argent qu'on peut faire au printemps. Parle-en donc au curé! Il y a de quoi qui ne va pas!

- Ah! J'ai envie d'abandonner toute!
- Non! Non, non, non! Il y a de quoi dans ça. C'est quelqu'un qui ont affaire à toi.''
Toujours il va en parler au curé. Le curé dit : ''Je vais te
confesser comme il faut, puis tu vas lui parler.
- Moi, je ne me sens pas capable de lui parler. Je n'aime
  plus ça. C'est rendu que j'ai peur, je suis nerveux.
- Je vais te confesser, puis je vais t'aider. Tu vas lui
  parler.''
Toujours il monte chez lui. Il court ses érables dans l'après-
midi. Puis il était pris pour coucher à la cabane. Fallait bien
pour faire bouillir. Rien que les petites pannes, ça fournissait
pas. C'était pas comme une bouilleuse. Comme de fait, à minuit encore, à la même heure, l'homme arrive, pique encore ses
raquettes puis il se rassit. Il lui voyait pas le visage. Là, lui,
fallait qu'il remplisse ses tôles. Toujours, il le fait tasser une
fois puis il décide de lui parler:
- Toi, de quoi c'est que tu me veux? Ça fait la quatrième
  nuitte que tu es ici, puis tu m'ennuies à plein! J'veux
  qu'tu disparaisses! Je ne veux plus te voir!''
Bien là, il lui a répond :
- Si tu veux que je disparaisse, tu vas faire ce que je vais
  te dire. Moi, je suis ton beau-père, je suis le père de ta
  femme. J'ai volé deux poids de fer, en ville, à Québec.
  Tu vas aller les porter où je les ai pris.
Dulac dit :
- Qu'est-ce que je vas faire pour trouver la maison, dans
  une ville?
- Je vais te donner le numéro de la rue. Puis, quand tu
  voiras ce numéro-là, prends-le.
- Mais dans quelle maison rentrer?
- Quand ça va te dire d'arrêter, tu arrêteras. Puis rentre à
  cette maison-là. Ça va être là!
- C'est correct! Mais je ne veux plus vous revoir.
- Tu me revoiras plus. Mais si tu fais pas la commission
  que je te donne, tu vas avoir bien pire que ça!''
Ça fait que Dulac, deux jours après, il descend à Québec en
voiture. Puis il a été voir dans le grenier de la maison pour
chercher les poids de fer. Il va voir chez eux, il trouve les poids

de fer; il y en avait un gros, puis l'autre plus petit. Ça fait que
Dulac, il descend à Québec, là. D'un coup, il arrive devant une
maison. Ça lui a dit d'arrêter. Il a arrêté puis il a rentré. Il dit :
- Vous avez pas eu des poids de fer, vous autres, de partis?
La femme dit :
- Oui, mais on sait pas où ils sont.
- Je vous les ai apportés. Vos poids de fer ont été pris
puis on m'a donné commission de vous les rapporter."
Ça fait qu'il leur a redonnés. Puis Dulac a redescendu puis
ça été final. Il l'a jamais revu!

> Ce récit a été raconté le 11 décembre 1974, à Saint-
> Joseph de Beauce, par Monsieur Léonce Vachon,
> alors âgé de 75 ans. Monsieur Vachon avait 8 ans
> lorsque son grand-père Antoine Vachon lui fit part
> de ce récit, qui s'est déroulé il y a environ 150 ans,
> à Saint-Joseph de Beauce.

8. Les trois coups

C'était un soir de printemps. C'était, en fait, à très bonne heure, le printemps. Mon père n'était pas encore arrivé des chantiers et ma mère venait justement de mettre au monde celle qui s'appelle, chez nous, Lorraine. Et au moment où elle mettait Lorraine au monde, une de ses soeurs mourait à Saint-Victor. Ma mère avait, comme tous les gens, un grand esprit de famille et elle aurait bien désiré aller voir sa soeur. Mais elle en était incapable à cause de son état de santé.

Et, pendant que les enfants étaient tous dans l'étable à faire le train, maman était seule dans sa chambre, à l'étage supérieur. Elle demandait depuis deux jours d'avoir la capacité d'aller voir sa soeur, sinon elle lui demandait de venir la voir. Et il y eût un phénomène extraordinaire qui s'est passé. Et puis elle nous le redit encore aujourd'hui avec émotion, après une quarantaine d'années. Au moment où elle souhaitait encore plus ardemment de la voir et qu'il n'y avait aucun bruit dans la maison, elle a entendu trois coups à la porte de sa chambre. Elle s'est demandée en elle-même : "Est-ce que je dois dire : entrez?" Là, la frousse l'a pris puis elle s'est renfrognée dans ses couvertures. C'est peut-être deux ou trois mois après qu'elle nous a raconté cette aventure. Et c'est tellement vrai, c'est tellement vérifiable! Elle a eu tellement d'angoisse à ce moment-là qu'aujourd'hui, elle est rendue à soixante dix-huit ans et elle ne veut plus nous le raconter parce que ça lui fait vivre des moments épouvantables.

Pour ajouter à ce fait-là encore plus de véracité, je pense, c'est que ma mère, à ce moment-là, s'était informée à un prêtre qui était en repos chez son père. L'abbé Wilfrid Rodrigue lui a tout simplement dit que c'était sûrement sa soeur qui était venue lui signifier sa présence. Et si elle avait voulu la faire rentrer, elle aurait certainement été présente devant maman.

Ce récit a été raconté le 11 juin 1975, à Saint-Joseph de Beauce, par Monsieur Bertrand Gosselin, alors âgé de 43 ans. Monsieur Gosselin, natif de Saint-Ephrem de Beauce, le tient de sa mère, Madame Honoré Gosselin [née Eva-Reine Bureau], qui a vécu le fait vers 1928.

9. Le rosier

C'est arrivé, ça, à Saints-Anges, dans le rang Saint-Gabriel. C'était un Monsieur Perreault qui était mort; il laissait une petite fille qui était orpheline et qui restait chez son grand-père, Ferdinand Perreault. Pendant le temps des foins, la petite fille travaillait; elle foulait le foin pendant un après-midi et il est venu une bourrasque de vent. Le foin tourbillonnait au point qu'on ne voyait rien. Après le tourbillon passé, elle a aperçu son père qui était debout, près du bois. Elle a dit : "Je vois papa, puis il me fait signe de venir!" Son grand-père lui dit : "Vas-y, descends! Vas-y l'voir, d'abord qu'il te fait signe!" Il lui a parlé. La petite fille s'est en revenue, puis elle a dit : "Il veut pas que je dise ce qu'il m'a dit."

Monsieur Perreault a monté au presbytère avec la petite fille pour lui faire dire, à Monsieur le curé, qu'est-ce que son père lui avait dit. Et, les années après, il a poussé une talle de rosiers à la place où Monsieur Perreault a apparu. Aujourd'hui, le rosier vit encore.

Ce récit a été raconté le 17 mars 1975, à Saints-Anges de Beauce, par Mme Fernand Labbé [née Adéla Nadeau] alors âgée de 76 ans. Madame Labbé tenait elle-même le récit de Monsieur Delphis Perreault, de la même localité.

10. Les lamentations

Ça, c'est un fait qui m'a terriblement touchée. J'étais jeune et puis maman nous a conté que, dans ce temps-là, le soir, ils travaillaient, la mère et puis les filles; ça tricotait, ça filait. Puis toujours, finalement, rendue à onze heures, elle dit à sa fille Mathilda : "On va laisser ça là puis on va aller se coucher!" Et puis on était plusieurs enfants chez nous. Puis Mathilda monte en haut, elle se couche. Aussitôt rendue en haut, ça s'est mis à se lamenter en arrière du poêle. Maman avance au pied de l'escalier, elle dit : "Mathilda, est-ce qu'il y a des enfants de malades en haut? Les enfants dorment-ils toutes?" Elle dit : "Oui, les enfants dorment toutes. Il y a rien ici." Là, maman a pensé, elle a dit : "Si c'est quelqu'un qui a besoin de quelque chose, qui a besoin de prières, ou qui vient chercher quelque chose qu'on lui doit, on lui donne puis je lui paierai une grand-messe." Et puis ça l'a fini.

Ce récit a été raconté le 10 février 1975, à Sainte-Marie de Beauce, par Madame Liguori Leblond [née Régina Labbé], alors âgée de 61 ans. Elle l'a entendu conter de sa mère, Mme Joseph Labbé [née Florida Perreault]. Le fait s'est passé à Saints-Anges, vers 1917.

11. Angéline

Quand j'étais jeune, moi, j'étais bien ennuyeuse. J'allais m'engager tous les hivers. Je restais seulement deux ou trois mois; je m'ennuyais trop. Cette année-là, comme je voulais me ramasser de l'argent pour me marier, j'avais promis aux âmes du purgatoire les plus délaissées une grand-messe à condition de passer l'hiver à ma place, là, et de revenir juste au printemps. Ça fait que, finalement, j'ai été neuf mois partie de la maison. Quand je suis revenue chez nous, au printemps, j'ai complètement oublié ma messe. J'ai passé l'été chez nous. Rendue au mois de décembre, je couchais dans ma chambre pareil comme d'habitude : toute seule, la porte fermée. Un bon soir, là, je me suis mis à avoir peur. C'est comme si le lit branlait, comme si le matelas levait. Je changeais de place dans mon lit; en me changeant de place, ça levait vis-à-vis de là. Je changeais de place; c'est comme si le matelas levait, puis ça tremblait. Je te lâche un cri de mort à papa. J'ai dit : "Venez ici!" Ça fait que maman dit à papa : "Monte, Cléophas! Angéline a lâché un cri de peur, elle a peur. Prends la lampe, lève-toi et va voir ce qu'elle a". J'avais vingt ans, j'étais pas un bébé! Ça m'avait jamais arrivé. Ça fait que papa arrive en haut. Il dit : "Il n'y a pas personne dans ta chambre. Lève-toi, Angéline, puis rends-toi compte par toi-même qu'il n'y a personne dans la chambre." Je me lève, je regarde sous le lit; je le savais qu'il n'y avait personne dans la chambre. Papa regarde, je regarde moi aussi. Il n'y avait pas personne dans la chambre. Papa dit : "Couche-toi et dors! Ça doit être les garçons qui sont venus te faire peur." Les garçons ont dit : "Non, non! C'est pas nous autres qui a été lui faire peur. On n'a pas rentré dans la chambre." J'ai dit : "J'ai pas entendu rouvrir la porte non plus." Papa dit : "Tu vois qu'il y a rien! Couche-toi et dors!"

Il prend la lampe et il redescend en bas. Quand papa fut rendu en bas et que toute a été soufflé et puis couché, v'la encore la même histoire! Mon lit, c'est comme s'il grouillait. Je changeais de place, mais c'était plus fort que moi. J'avais assez peur, en tout cas! Là je me lève, je rouvre la porte puis je sacre mon camp dans la chambre des gars, de l'autre côté. Les deux plus jeunes couchaient tous les deux ensemble, puis les deux plus vieux dans un autre lit. Embarque au pied du lit des deux plus jeunes! Le lendemain matin, les gars ont dit : "Si vous pensez qu'elle va venir coucher avec nous autres puis qu'elle a les pieds dans notre face! Elle peut se pousser dans sa chambre!" Ils ont dit : "As-tu été coucher là?" J'ai dit : "Oui, je vous l'ai dit. Aussitôt qu'il n'y a pas de lumière, le lit grouille. Puis j'ai peur! Je ne suis pas capable de rester là." Ils ont dit : "Tu as toujours couché là. Qu'est-ce qui te prend? Viens-tu folle?

- Je le sais pas ce que j'ai! Mon lit grouille puis il y a quelqu'un qui est sous mon matelas.

Le lendemain soir, encore la même histoire! Là, je descends en bas. Je vais me coucher avec papa et maman. Ils se tassent eux autres aussi. Trois dans le même lit! Le lendemain soir, je vais encore me recoucher dans mon lit. Encore la même histoire! Là, je me lève puis je m'en vais dans la chambre des gars. Les deux plus vieux ont dit : "On va aller se coucher dans ton lit. Couche-toi dans notre lit!" Quand la lumière a été éteint - là, j'étais couchée toute seule dans leur lit - encore la même histoire dans la chambre! Je savais qu'il y avait pas personne. En tout cas, c'était le temps de payer les bancs d'église. Papa vient payer les bancs d'église puis il parle de ça à Monsieur Deslauriers, le curé. Il dit : "Je sais pas ce qu'elle a, si elle devient folle. Elle n'est plus capable de coucher dans son lit; elle va coucher de l'autre bord avec les petits gars, elle vient coucher avec nous autres." Monsieur le curé dit : "Demandez-lui, quand vous arriverez chez vous, si elle a pas promis des messes aux âmes du purgatoire. Puis, si elle a promis quelque chose, qu'elle leur donne! Elles en ont besoin!"

Papa arrive chez nous, il dit : "T'as pas promis de quoi aux âmes du purgatoire?" J'ai dit : "Non! Me semble que j'ai pas promis rien!" Puis le soir, quand j'avais peur de même, j'avais mon chapelet puis je disais mon chapelet pour arrêter d'avoir peur, pour que ça me lâche. Je priais la Sainte Vierge, mais j'avais peur pareil. Toujours, ce soir-là, je me couche. Puis, en me couchant, je prends encore mon chapelet pour dire mon chapelet. Là, je vais me coucher dans mon lit. Ça m'a lâché bien net. Là, je pense que j'avais promis une messe aux âmes du purgatoire ça faisait un an! J'avais été neuf mois à travailler puis j'avais pas payé ça. Puis on était rendus à Noël. C'était le jeudi, ça. Je me souviens de la journée comme si c'était hier. Là, j'ai dit : "Lâchez-moi tranquille puis dimanche je vais aller la payer, la messe." Vous savez bien qu'on pouvait pas venir au village comme aujourd'hui. Quand j'y ai pensé, là, ça été fini d'en par là! J'ai couché dans mon lit jusqu'au dimanche puis j'ai pas eu peur. Puis là, quand j'ai été payer la messe, le dimanche, le curé m'a dit : "Ils attendaient après votre messe. Il y avait peut-être ça, là, qui les tenait dans le purgatoire. Fallait qu'ils fassent quelque signe. Si vous aviez pas eu de signe, si vous aviez pas eu peur, vous l'auriez jamais donnée, votre messe. A l'avenir, quand vous promettrez quelque chose aux âmes du purgatoire, donnez-leur; ils en ont besoin!"

Ce récit a été raconté le 7 novembre 1974, à Saints-Anges de Beauce, par Madame Aurèle Turmel [née Angéline Boily], alors âgée de 56 ans. Le fait s'est passé à Saints-Anges, vers 1937.

12. Les conseils

Mon oncle Elzéar Lachance a toujours été un homme malade. Il a marié ma tante Célina, une soeur de papa. Ils avaient
une petite terre et un magasin; ils gagnaient leur vie avec ça.
Quand mon oncle a été malade pour mourir, Arthur, son garçon, lui a dit : "Papa, quand vous mourrez, si vous êtes dans le
bon chemin, vous viendrez nous le dire!" Ça faisait déjà quelques années qu'il était mort. Ma tante Célina était dans le
magasin; Clara, sa fille, était chez un voisin et Arthur était en
train de bâtir une échelle entre la grange et leur maison. Tout à
coup, il passe un homme tout près de lui. Arthur s'est dit :
"Que cet homme-là ressemble donc à papa!" L'homme n'a
rien dit et il est allé chez le voisin où était Clara. Là encore,
l'homme n'a rien dit et il est parti. Clara dit : "Qu'il ressemble
donc à papa!" Elle regarde où il allait. Il entrait au magasin,
chez sa mère. Elle le suivit. Il était entré au magasin et il regardait partout. Là, il a donné des conseils à ma tante : "De cela
tu peux en acheter, car ça se vend bien; mais telle autre affaire,
achète z-en pas, car tu ne vendras pas cela."
Puis il est parti. Ma tante Célina, Arthur et Clara l'ont re-
gardé monter. L'homme est entré dans l'église. Arthur est
monté tout de suite au presbytère pour dire cela à Monsieur le
curé. Tous les deux sont allés à l'église, mais il n'y avait personne. C'est clair qu'il venait leur prouver qu'il était dans le
bon chemin.

*Ce récit a été raconté le 31 mars 1975, à Saint-Séve-
rin de Beauce, par Mademoiselle Valéda Richard,
alors âgée de 73 ans. C'est sa mère, Madame Louis
Richard [née Elmire Ferland] qui le lui avait conté.
Le fait s'est déroulé vers 1900, à St-Séverin.*

13. Le père Dophe

Moi, j'avais trois ans quand ma mère est morte; les autres enfants étaient pas beaucoup plus vieux que moi. On habitait alors une maison qu'on avait louée temporairement avant de se placer réguliers. Et puis cette maison-là avait appartenu à un vieux et puis une veille. Ces deux vieux-là nous avaient entretenus comme si ça avait été notre père et notre mère; on les appelait le père Dophe et puis la tante Marie. Et puis ces deux vieux-là étaient morts; nous autres, on avait loué la maison en attendant de se replacer.

Donc, le soir, c'était un endroit que les jeunes de mon âge se rassemblaient; puis on jouait aux cartes, puis on s'amusait. Un beau soir, dans le mois de novembre, on était encore tous rassemblés. Tout en s'amusant, en jouant, on brise une chaise. Ça fait que j'ai dit : "Les gars, faites-vous en pas! Je vais aller chercher les outils pour réparer la chaise." On avait en arrière de la maison une petite grange qui servait à entrer les chevaux. Dans ce temps-là, les gens venaient à la messe en voiture. Et puis c'était une petite grange qui servait à abriter les chevaux le temps de la messe. Il n'y avait pas d'autre chose là-dedans; c'était juste les chevaux, le dimanche. On était en pleine semaine, au mois de novembre. Donc moi je suis parti. En partant, il y a un farceur qui m'a dit : "Fais attention, Armand! Tu peux peut-être bien voir le père Dophe dans la grange, là!" On n'avait pas de lumière, on était éclairés à la petite lampe à l'huile; et puis, dans la grange, il y avait aucune lumière. "Ah! j'ai dit, des pères Dophe, ça en prend plusieurs pour me faire peur. Ah! J'ai pas peur d'aller dans la grange puis le père Dophe viendra pas m'faire peur!"

Ça fait que moi je pars, en brave, à la belle noirceur. J'arrive dans la petite grange, j'entendais respirer une personne qui était essoufflée, quelque chose de même... ou un chien essoufflé, un gros respir, là! J'ai dit : "Quelqu'un icitte?" Je commence à chercher dans les coins. Il n'y avait pas de chevaux, il n'y avait pratiquement rien. J'allume une allumette; je commence à faire le tour de la petite grange. Il n'y avait pratiquement rien; ni chevaux ni chiens ni personne. Pour monter sur le petit fournil, en haut, c'était dans le fond de la grange, ça.

Fallait que je traverse la grange à la noirceur, là, puis monter dans une petite échelle, le long du mur, en montant dans le petit carreau juste à la grandeur pour passer une personne. Je prends la petite échelle puis je monte pour essayer de trouver mes outils. Rendu en haut, encore la même chose! J'entendais respirer. Je m'en allais dans un coin, ça respirait dans l'autre. Je m'en allais dans l'autre coin, ça respirait dans l'autre coin. Il y avait du bran de scie; on avait mis du foin, toutes sortes de choses; on travaillait là, nous autres. J'osais pas trop allumer d'allumette, j'avais peur du feu.

Tout de même, je risque. J'allume une allumette, puis je me mets à me promener d'un coin à l'autre. Il y avait rien. Quand l'allumette était finie, j'en allumais une autre. Va dans l'autre coin, il y avait rien. Toujours la même chose! Quand ça respirait dans un coin, moi j'étais dans l'autre. Finalement, quand j'ai vu qu'il n'y avait rien, je prends mes outils puis je redescends. Rendu en bas, encore la même mautadite histoire! Ça respirait! J'allais dans un coin, ça respirait dans l'autre! Je fais encore le tour : pas de chevaux, pratiquement rien.

Là, j'ai pris la porte puis j'ai pas parlé un mot. Là, je commençais à être pas trop trop sûr de moi. Là, j'ai retourné à la maison puis j'ai pas conté mon histoire aux gars, parce que les gars auraient ri de moi. Mais moi, je savais toujours bien qu'il y avait quelque chose, là. J'avais très bien entendu respirer dans la petite grange.

Ce récit a été raconté le 9 juin 1975, à Tring-Jonction [Beauce], par Monsieur Armand Jacques, alors âgé de 62 ans. Monsieur Jacques demeurait à Saint-Frédéric de Beauce quand il a vécu ces événements. C'était vers 1933.

14. L'horloge

Autrefois, c'est-à-dire dans les années lointaines du passé, les gens désiraient tellement une communication avec un membre de la famille disparu qu'avant son décès on lui demandait de donner des connaissances. Ma grand-mère maternelle m'a raconté plusieurs fois qu'elle avait demandé à son mari, mon grand-père, gravement malade, de lui donner des connaissances lorsqu'il serait dans l'autre monde. Il a répondu : "Oui, si je suis dans le bon chemin!" Donc, six mois après son décès, ma grand-mère était en train de dire le chapelet, accompagnée de ma mère et d'une tante; mais mon oncle, frère de ma mère, était absent pour quelques heures, ce soir-là. Et mon cher oncle ne croyait pas du tout aux connaissances.

Pendant la récitation du chapelet, une vieille horloge, dans le grenier, qui n'avait aucun mouvement, complètement vide, a sonné trois coups. Toutes ont reconnu le son de cette horloge et sont restées un moment saisies de frayeur. Mais ma grand-mère a vite compris que c'était les connaissances désirées. Aussi elle avait demandé de lui donner des connaissances lorsqu'elle serait avec d'autres membres de la famille, jamais seule. A l'arrivée de mon oncle, on s'est toutes empressées de lui annoncer cet événement. Mais il a dit: "Je ne crois pas à ça! Il faudrait que j'entende moi-même de mes oreilles." Six mois après, le même événement s'est produit de nouveau et mon oncle était bien présent avec les autres membres de la famille. Ma grand-maman venait de finir le grand chapelet de la Sainte Vierge et elle dit : "Disons donc en plus le chapelet du Sacré-Coeur!" A peine la moitié de ce chapelet était dit que l'horloge a sonné les trois coups, et tous ont reconnu son son, le son de cette vieille horloge. En s'adressant à mon oncle, on lui a dit : "Le crois-tu, maintenant?" Aucune réponse n'a été donnée. Il est resté muet, peut-être par un peu de frayeur. Aussi il n'a jamais contredit ceux qui parlaient de connaissances ou de revenants.

Ce récit a été raconté le 12 mars 1975, à Vallée-Jonction, par Mademoiselle Corinne Morency, qui le tenait de sa grand-mère maternelle, Madame Louis Matthieu [née Marie Poulin]. Le fait s'est produit à Beauceville, en 1892.

15.　Que ça le fasse encore bien plus fort...

Moi, j'étais jeune dans le temps. Puis, vous savez, quand on est jeune, on écoute puis on croit à tout ce que les vieux parents disent, hein? Ça fait que grand-maman veillait; elle était malade, puis elle veillait dans la maison d'été avec maman. Elles tricotaient toutes les deux avec la lampe. Et puis mon papa était couché en haut, puis grand-papa était couché en bas dans sa chambre. Un moment donné, on a entendu un bruit lamentable. Vous savez, c'est comme si ça avait eu été sur le toit de la maison. Ça fait que grand-maman a dit : "Ecoute donc! Qui c'est qui a faite ça?" Il faisait très beau, il faisait clair de lune. Puis c'était l'automne, à peu près dans le mois de novembre.

Et puis, grand-maman, c'était pas une peureuse. C'était une grande femme qui était sobre et puis qui aimait la joie, qui aimait à parler. Elle dit à sa bru : "J'ai envie de dire : si c'est des connaissances, que ça le fasse encore bien plus fort!" C'était pas dit qu'elles ont pensé que la maison allait s'écrouler. Ah! bien. Là, elles ont pas parlé un mot. Elles ont parti toutes les deux. Une a pris le haut de la maison, s'est en allée se coucher avec son mari, avec papa. Puis l'autre, bien, elle s'est en allée dans sa chambre avec son mari, grand-papa. Le lendemain matin, elle nous contait ça avant de partir pour la classe. Je vous dis qu'on avait peur, nous autres, après ça. C'est ce qui nous a été conté, puis je vous dis que grand-maman, c'était pas une placoteuse. Elle nous a conté ça bien souvent, puis on a toujours cru que c'était vrai.

Ce récit a été raconté le 31 mars 1975, à Saint-Joseph de Beauce, par Madame Joseph Jacques [née Joséphine Bernard] à Bébé à Reli, alors âgée de 83 ans. Mme Jacques l'a entendu raconter par sa grand-mère, Mme Georges Lessard [Célina Poulin].

16. La chaise berçante

On était jeunes, on était cultivateurs, on avait du terrain à environ cinq milles de chez nous. Comme on était orphelins, on restait mon père, mon frère plus vieux que moi, ma soeur plus vieille que moi, puis finalement moi. On était obligés de garder la maison. Mon frère puis mon père étaient allés travailler sur notre terrain, à environ cinq milles de chez nous. C'était dans l'automne, les veillées étaient longues, puis on attendait, nous autres, le retour du papa puis du grand frère. On était dans la maison, moi puis ma soeur. On se berçait puis on attendait. On commençait à avoir peur; il commençait à faire noir puis on commençait à avoir peur.

Finalement, à un moment donné, il y avait la chaise de ma mère, une ancienne chaise, une chaise berçante. On savait que c'était la chaise de notre mère. Puis quand notre grand-mère venait, c'était encore la chaise de notre grand-mère. Mais la grand-mère était pas morte, elle. Un moment donné, on parlait ensemble, moi puis ma soeur, pour se désennuyer. La chaise se met à bercer, tranquillement. On se met à regarder pour voir s'il y avait des chats, des courants d'air ou quelque chose. Il y avait pratiquement rien. Toutes les portes étaient fermées. Dans l'automne, on n'ouvre pas les portes pour faire de l'air. Ma soeur commence à dire : "Maman s'berce!" Je regarde la chaise. La chaise se berçait, tranquillement. Moi, la peur commence à me prendre; j'étais jeune. D'un coup, la chaise arrête de bercer. Un moment donné, ça recommence à bercer. Puis la chaise se berçait. Plus que ça allait, plus que la chaise se berçait. Ma soeur dit : "C'est maman qui vient se bercer ici!" Moi j'ai dit : "Ça s'peut t'y?" Ma soeur répond : "Oui, c'est maman qui se berce!" En disant ça, d'un coup la chaise arrête de bercer. Puis ça a resté là. On a dit : "C'est maman qui est venue se bercer!" Il y avait personne d'autre chose pour faire bercer la chaise. Donc, c'était maman qui était venue se faire bercer.

Ce récit a été raconté le 9 juin 1975, à Tring-Jonction [Beauce] par Monsieur Armand Jacques, alors âgé de 62 ans. Monsieur Jacques avait 7 ans quand il vécut le fait. Il demeurait alors à Saint-Frédéric de Beauce.

17. Le baiser

On veillait ensemble avec Madame Denise Grondin puis elle m'a conté qu'il lui avait arrivé une histoire durant la nuit. Elle s'est mis à me dire : "J'ai eu des connaissances, des revenants, certain, parce que je disputais après mon mari et puis je disais : quoi ça veut dire? Ça fait si longtemps qu'il est mort puis ça donne pas de connaissance! On sait pas ce qu'ils font, on sait rien!" Puis elle disputait après lui. Là, elle s'est couchée puis elle lui a rêvé. Ça doit être un rêve. Elle dit que là, il l'avait embrassée. Ça l'a réveillée. Elle s'est senti embrassée durant la nuit. Ça l'a réveillée. Et puis, à côté d'elle, c'était chaud, là. On aurait dit qu'il avait couché avec elle : "Tiens, elle dit, il est venu me voir cette nuit. Faut croire qu'il est avec moi parce qu'il est venu m'embrasser; puis me semble qu'il a couché avec moi cette nuit!"

Puis ces choses-là, elle dit que ça lui est jamais arrivé à elle, ça. Puis elle croyait pas à ça, ces choses-là. Puis là, elle dit qu'elle y croit. Par la suite, elle n'a pas eu d'autres nouvelles de lui. Il lui a seulement fait voir comme de quoi qu'il était à la maison avec elle. Il lui a fait voir ça. Qu'il l'aimait encore, parce qu'il l'a embrassée. Hein! Fallait qu'il l'aime! Et puis qu'il a couché avec, en voulant dire qu'il est toujours avec elle.

Ce récit a été raconté le 19 juin 1975, à Beauceville, par Madame Armand Bolduc [née Corinne Poulin], alors âgée de 70 ans. Il lui a été conté par Madame Louis Bolduc [née Denise Grondin], à qui le fait est arrivé en 1972.

18. Le fantôme

Je faisais chantier; j'avais huit hommes qui travaillaient pour moi. Un moment donné, il y a un de leurs parents qui a tombé malade. Puis moi, ma mère était morte; ça faisait quinze jours. Quand ma mère est morte, moi j'y étais pas. Ça m'a bien fait de la peine, vous savez. J'aurais aimé à la voir; puis la première nouvelle que j'ai eu, il y a une de mes filles qui est venue me chercher en machine. Elle dit : "Grand-maman est morte!" Ça se trouvait ma mère, ça. Là, moi, j'étais resté étouffé. Ça m'avait trop surpris. J'avais pas passé bien des épreuves avant ça, moi. Mais j'en ai eu depuis ce temps-là, par exemple. Ça fait que je travaillais là, dans le chantier. Puis moi, j'ai couché trois nuittes tout seul. Dans le jour je travaillais puis j'étais écrasé. Je voulais me dépêcher, tu sais, puis ça marchait pas. Je pensais toujours à ma mère. J'aurais aimé à la voir. Je regardais. Si je l'aurais vue en venir au travers des arbres! J'aurais aimé à la voir. Puis le soir, je greyais à souper, moi. J'étais tout seul. J'avais lavé ma vaisselle, j'avais balayé. Puis là, je pars pour m'assire. La porte se rouvre. Il rentre un fantôme. Je pouvais pas distinguer son visage. Là, elle s'est assis à côté de la porte. C'était bien ma mère parce qu'elle m'a parlé. Moi j'ai dit, quand qu'elle a rentré : "Assisez-vous!" J'ai fait un saut, mais j'étais pas trop peureux des connaissances, moi. Je croyais pas beaucoup à ça, dans le temps. Elle s'est assis, là. Il y avait un banc à ras la porte. Elle s'est assis.

- Cout donc! j'ai dit. C'est t'y vous, ça?
- C'est moi. Tu désirais me voir. Bien je suis venue à soir.
  Tu as bien de la peine, mais laisse cette peine-là de côté,
  parce que tu en as assez à avoir dans le long de ton
  règne! Tu auras assez de tes troubles. Laisse ça de côté,
  la peine!

Puis là, j'ai voulu d'y parler. Là, elle a sorti. Elle a disparu. La porte s'est pas rouvert, même. Mais quand elle a rentré, je l'ai vue rentrer. Puis elle s'est assis. Même, j'ai dit : "Assisez-vous!" J'ai cru que c'était la femme du voisin, sans trop prendre garde. Mais j'avais vu que c'était différent. Elle était habillée curieux, en fantôme, tu sais. Mais j'ai pas pu y distinguer le

visage. J'étais pas peureux. Mais quand elle a été sortie, je sha-
kais comme ça. Ça m'avait pas faite.

> *Ce récit a été raconté le 16 décembre 1974, à Saint-*
> *Joseph de Beauce, par Monsieur Léonce Vachon,*
> *alors âgé de 75 ans. Le fait s'est déroulé en 1946, à*
> *Frampton [Dorchester], dans un chantier que diri-*
> *geait Monsieur Vachon.*

19. La risée

C'était un type qui était malade et que je connaissais très bien. Mes parents le connaissaient très bien; il était intime avec eux. Et puis il est mort. Et puis, après sa mortalité, il était exposé dans sa maison. Ça fait cinquante-sept ans de ça; il n'y avait pas de salon mortuaire. Dans le groupe qui veillait avec le mort, il y en avait deux qui tiraient des plans un peu, vous savez. Il en est un qui dit tout à coup : "Il était si peu vaillant, il était assez lâche qu'il a même pas eu l'cran d'aller se coucher pour mourir; il est mort assis sur sa chaise." Puis ils avaient du plaisir, eux autres, de même. Mais ils s'en sont retournés, après la veillée, chacun chez eux. Mais là, le plaisir a arrêté. Rendu chez eux, là, il détèle son cheval. Mais, en dételant dans son écurie, il se faisait pilotter tout le temps sur les talons; il y en avait toujours un sur lui qui le pilottait jusqu'à temps qu'il ait été rentré dans sa maison. Mais là, il roulait; il se dépêchait. Mais pas plus. Le lendemain soir, il retourne faire son train. C'était au mois de décembre, les journées étaient courtes et il était à noirceur dans la grange. Il y en avait encore un sur ses talons, là. Là, il s'est arrêté puis il s'est mis à penser de quoi qu'il avait dit à ce mort-là. Ça fait que, là, il lui a promis une messe puis ça été final. Ça a coupé drette carré, là!

Ce récit a été raconté le 4 février 1975, à Vallée-Jonction [Beauce], par Monsieur Maurice Labbé, alors âgé de 69 ans. Monsieur Labbé l'a entendu conter de ses parents, M. Mme Joseph Labbé. Le fait s'est passé à Saints-Anges, en 1918.

20. Louis à Housse

C'était un passant qui s'appelait Louis à Housse. C'était un homme qui était pas capable de marcher. Il se traînait avec une petite charrette qu'il traînait en arrière de lui en se poussant avec ses pieds. Dedans sa charrette, il traînait une batterie de cuisine et une petite couchette. Une bonne journée, il a arrivé chez mon grand-père. Il a couché là. Il a été deux ou trois jours là, chez mon grand-père. Toujours qu'il est mort chez nous. Ils lui ont fait une tombe. Ils l'ont fait enterrer. Ils ont collecté quelques cents pour son service, ils lui ont fait chanter quelques messes. Et puis, après le service, mon grand-père revient chez nous. La mère dit : "Qu'est-ce qu'on va faire de sa batterie de cuisine? Ça nous appartient pas!" Mon père dit : "On lui fera chanter des messes!" Il a oublié ça. Ça pouvait être dans l'hiver, ça, ou dans le printemps. Dans l'été, la poison a pris dans la maison. Ça sentait juste le mort, ça sentait juste le mort. Puis un mort, quand ça fait l'temps d'puer, ça pue, tu sais! Ils ont vidé tout ce qu'ils avaient de meubles, ils ont lavé partout. Mais c'était toujours pareil. Ça sentait juste le mort. Toujours que ma grand-mère dit : "Jean, as-tu été payer les messes à Louis à Housse?" Il dit : "Non, je n'y ai pas été. Je vais y aller demain matin, puis je vais lui payer des messes."

Ça été fini. La peste s'est en allée et puis ils ont pas eu d'autres connaissances de Louis à Housse.

Ce récit a été raconté le 18 novembre 1974, à Vallée-Jonction, par Monsieur Valère Roy, âgé alors de 76 ans. Monsieur Roy l'a entendu conter par son père Joseph Roy; il avait 17 ans lorsque son père lui livra ce récit, qui s'est déroulé il y a environ cent ans, à Saint-Joseph de Beauce.

21. Le chant du Libéra

C'était le jour des Morts. Mon père voulait aller veiller avec ses frères. Leur père, qui s'appelait Théophile Vachon, leur a dit : "C'est la journée des Morts! On va pas veiller la journée des Morts, parce que les morts sont sur la terre, puis vous savez qu'il faut dire le chapelet toutes les heures. Vous allez avoir des connaissances!" Mon père avec ses frères sont partis pour aller veiller quand même sur le deuxième voisin. Puis, en s'en revenant après la veillée, ils passaient au bout de la grange de mon grand-père, qui est Théophile Vachon. Et puis, en passant au bout de la grange, ils ont entendu chanter le Libéra dans la grange. Mon grand-père puis le père de mon grand-père, c'était des chantres dans l'église. Et puis, en passant au bout de la grange, ils ont entendu chanter le Libéra. Puis c'était la voix du grand-père. Ça fait que ils sont en allés chez eux; ils avaient eu la frousse correct.

Ce récit a été raconté le 10 mars 1975, à Saints-Anges de Beauce, par Monsieur Camille Vachon, alors âgé de 68 ans. C'est son père, Monsieur Amédée Vachon, qui le lui a conté. Il avait lui-même vécu le fait en 1890.

22. Le crucifix

C'était encore un oncle de mon père. Cette fois-ci, cet oncle-là était décédé et puis sa femme avait eu beaucoup de peine. En fait, ce qui est arrivé, c'est que ma tante demandait souvent, elle aussi, de le revoir sous les formes qu'il voulait venir. Et, un bon soir, on était en train de faire la prière, on lui rendait encore une fois un dernier hommage en priant pour lui; on demandait au Seigneur de lui trouver une place dans son royaume. On voulait avoir plus que ça encore! Un signe tangible qu'il était réellement rendu au ciel. Et la prière avait un accent sur cette chose-là, ce soir-là. On voulait justement être assuré que l'oncle de mon père, qui s'appelait Pit Morin, vienne dire qu'il était rendu avec le Seigneur et puis qu'il était sauvé. Alors, à la ferveur de la prière, on a eu une espèce d'étourdissement qui est arrivé. On a senti qu'il y avait quelque chose qui se passait dans le vitrail à côté de la maison. Alors on s'est retourné tout le monde et puis qu'est-ce qu'on a vu? On a vu passer un grand crucifix tout le long du vitrail. Fort probablement que ça signifiait que l'âme de l'oncle de mon père était rendue où on voulait qu'elle soit rendue.

Ce récit a été raconté le 11 juin 1975, à Saint-Joseph de Beauce, par Monsieur Bertrand Gosselin, alors âgé de 43 ans. C'est de son père Honoré qu'il le tient. Le fait s'est produit à Saint-Évariste de Frontenac, vers 1925.

23. Les pleurs d'Aline

En 1964, à la fin du mois de mai, un jeune homme de dix-neuf ans perdait la vie lors d'un accident d'automobile. Déjà très lié avec notre famille, Normand aimait bien amuser mes jeunes cousins et cousines, bientôt ses neveux et nièces. Ce décès, en plus d'affliger ma tante Gertrude et nous tous, marquait le début de phénomènes inquiétants. De jeunes enfants allaient avoir des connaissances.

Quelques jours après les funérailles, la maison de ma tante Jeannine était le théâtre des premières manifestations. A onze heures vingt, ma tante est éveillée par les pleurs de sa fille, âgée de deux ans et demi. Arrivée auprès de Dany, une histoire invraisemblable lui est racontée. Ma cousine affirme voir un homme, qu'elle appelle "mon oncle", qui veut l'amener avec lui. Ne voulant pas l'accompagner et parce qu'elle a peur, elle pleure. "Regarde, maman, il est là!", indique-t-elle en pointant du doigt dans la direction d'un grand miroir suspendu au mur. Pourtant, la mère ne le voit pas. La description du "mon oncle' avec des fleurs autour de la tête ne laisse cependant pas de doute dans son esprit : Normand dans sa tombe! Et ce n'est pas une image vue précédemment qui viendrait hanter un cauchemar de petite fille; Dany n'a pas été amenée au salon funéraire. Bientôt la vision s'estompe et l'enfant s'endort. Le lendemain soir, le même scénario se répète à la même heure qui, incidemment, est aussi l'heure du décès de Normand. Tante Jeannine fera alors part de ses inquiétudes à ma grand-mère. Suivant les conseils de celle-ci, elle se précipite vers la chambre de sa fillette le troisième soir, alarmée de nouveau par ses pleurs. Elle adresse au "monsieur du miroir", sans le voir, une violente remontrance. Lui demandant de bien vouloir cesser d'harceler les enfants, elle lui dit d'aller plutôt voir sa mère à lui, laquelle désire tant le voir. C'en fut terminé de la présence de l'esprit de Normand dans cette maison.

L'incursion suivante, très brève, a suivi de près la première. Mon oncle Clément, qui ne demeure pas très loin de ma tante Jeannine, entendit du vacarme à la cave. En y descendant pour découvrir la cause de tout ce bruit, il constata que son bois de chauffage était éparpillé un peu partout. Ses cordes de bois s'étaient affaissées, ce qui ne s'était jamais produit auparavant. Ce n'est qu'un peu plus tard qu'il fit la relation entre les autres évènements qui furent attribués à Normand et la façon un peu suspecte dont son bois avait été disséminé dans la cave.

Environ une semaine après l'enterrement, c'est ma famille qui allait devenir témoin d'événements pour le moins inattendus. Ma mère s'affairait à la préparation du dîner, mon père s'occupant des travaux de la ferme. Près d'elle, trois enfants s'amusaient : mes deux soeurs et moi, âgées respectivement de deux ans et demi, cinq ans et sept ans. Vers onze heures, elle entendit le bruit de la porte qui s'ouvrait puis se refermait; c'était une vieille porte à loquet que de jeunes enfants comme nous ne réussissaient pas à ouvrir. Croyant que mon père rentrait, elle lança : "Déjà toi! Tu vas être obligé d'attendre car le dîner n'est pas prêt." Comme une réponse tardait à venir, elle se retourna pour s'apercevoir qu'il n'y avait personne. Les enfants confirmèrent que la porte s'était bien ouverte et refermée, mais qu'ils n'avaient vu personne entrer. Événement bizarre dont on ne se préoccupe guère à ce moment.

Le soir de la même journée, ma mère, en se rendant à sa chambre, s'arrêta devant les rideaux de la fenêtre du salon qui bougeaient. Aucun courant d'air dans la pièce, et cette forme humaine qui se dessine sous les rideaux! Tout cessa lorsque, passant craintivement, elle souleva brusquement un des rideaux. Ça devient inquiétant! Peu de temps après, elle est éveillée par Aline (deux ans et demi) qui sanglote. L'histoire de Dany semble se répéter. "Le monsieur qui était avec ma tante Gertrude" insiste pour amener ma soeur faire une promenade en auto. Et elle aussi refuse d'y aller et a peur de ce qu'elle a devant elle. Ne voyant rien de ce qui lui est décrit, ma mère n'en perçoit pas moins la présence de quelque chose d'impalpable. Elle éprouve la même sensation que lorsqu'on a l'impression d'être suivi, mais qu'on ne voit rien. Mais cette fois-ci, l'esprit de Normand ne semble pas vouloir céder aux reproches qui lui sont adressés. Ainsi, le lendemain soir, et régulièrement à tous les soirs par la suite, Aline devait-elle faire face à ce "mon oncle" qui était autrefois tellement gentil, mais maintenant si indésirable. Il se manifestait toujours entre dix heures trente et minuit, et ma mère devait inlassablement se rendre auprès du lit d'Aline pour la rassurer; elle ne le voyait plus en présence de ma mère. Entre-temps, nous avons appris que l'auto qu'il avait échangée peu de temps avant sa mort était disparue. On ne devait pas la retrouver.

Mais durant la journée, une situation plus tragique venait s'ajouter aux angoisses d'une mère. Aline était perpétuellement sujette à des accidents. Combien de fois est-on intervenu juste au moment où elle allait tomber dans le puits? A combien de reprises a-t-elle échappé de justesse aux roues du tracteur? Le moindre instant d'hésitation lui aurait été fatal. Et ma mère a toujours l'impression d'être suivie, ou plutôt qu'Aline est suivie et qu'il s'accommode de ce qui se passe. Décidément, cela a assez duré.

On décida donc qu'Aline allait désormais coucher dans la chambre de ses parents. Le premier soir, Normand n'est pas au rendez-vous. Le soir suivant non plus. Aurait-il abandonné? Durant cette deuxième journée, la porte s'ouvrit et se referma en claquant, tout comme elle l'avait fait près de deux mois auparavant. Il était parti. Néanmoins, son passage laissa des traces. A partir de ce moment, Aline se met à avoir peur de tous les hommes, sauf de son père. Elle s'empressait d'aller se cacher à la vue du boulanger ou de tout autre visiteur masculin. Il en fut ainsi durant tout l'automne. Au mois de décembre, lorsque ma mère entendit parler du décès d'un monseigneur, elle se souvint d'une vieille croyance populaire qui veut qu'on fasse trois voeux et qu'un d'entre eux soit exaucé. Elle se rendit donc au salon funéraire avec ma soeur Aline et lui fit toucher à la main du défunt. "Maman, je n'ai plus peur!", cria Aline en se retournant. On put s'en rendre compte immédiatement. C'en était fini de toute cette histoire, sauf peut-être pour de mauvais souvenirs évoqués avec quelques larmes lors d'une réunion de famille du dimanche.

Ce récit a été d'abord raconté le 14 janvier 1975, à Saint-Joseph de Beauce, par Madame Léandre Caron [née Eloïse Laflamme], alors âgée de 43 ans. Son fils Gilles, âgé de 19 ans, a accepté de nous décrire ici les événements dont toute sa famille fut témoin en 1964.

LISTE
DES
INFORMATEURS

Monsieur Alphonse Bisson,
Saints-Anges

La participation des Beaucerons à la réalisation de cette étude ne peut être passée sous silence. Pendant un an, en effet, la cueillette de ce matériel de folklore m'a permis de rencontrer une soixantaine de personnes qui ont toutes accepté de me livrer tantôt leurs expériences personnelles, tantôt des récits qu'elles détenaient dans leur famille. Reconstituer ici le cadre de ces rencontres vous dirait la spontanéité, la chaleur et l'hospitalité de mes concitoyens beaucerons, à qui je veux porter aujourd'hui tous mes hommages.

Je ne peux oublier non plus tous les étudiants et étudiantes de Secondaire V qui m'ont épaulé dans mon travail en recueillant de nombreux récits. Si je mentionne uniquement les noms de ceux et celles dont les récits apparaissent dans ce livre, je garde aussi en mémoire l'importante contribution de chacun des élèves à qui j'ai enseigné. C'est avec eux que j'ai appris à connaître la Beauce dans toute sa vérité.

Aussi, suis-je heureux aujourd'hui de mentionner tous ces noms que j'associe à des souvenirs vivants. Près d'une centaine d'informateurs qui reconnaîtront sans doute tantôt des fragments de leurs récits, tantôt des récits dans leur totalité. A chacun d'eux, un merci très sincère de me permettre de faire parler un peu la Beauce à travers cette fresque sur la mort !

Madame Adéla Labbé,
Saints-Anges

Mademoiselle Valéda Richard,
Saint-Séverin

Monsieur Darie Bisson
et son épouse Mathilda,
Vallée-Jonction

Madame Dolorosa Grégoire,
Saints-Anges

Madame Corinne Bolduc,
Beauceville

Monsieur Gédéon Richard,
Saint-Séverin

Madame Catherine Nadeau,
Vallée-Jonction

BERNARD, Manon; Saint-Ephrem de Beauce.

BILODEAU, Jocelyne; Saint-Odilon de Dorchester.

BILODEAU, Rose-Line; Sainte-Marie de Beauce.

BINET, Amédée; Saint-Séverin de Beauce.

BINET, Mme Jules-Aimé (Simonne Nadeau); Vallée-Jonction, Beauce.

BINET, Mme Wilfrid (Florida Proulx); Saint-Séverin de Beauce.

BISSON, Alain; Saints-Anges de Beauce.

BISSON, Alphonse; Saints-Anges de Beauce.

BISSON, Darie; Vallée-Jonction, Beauce.

BISSON, Mme Darie (Mathilda Ferland); Vallée-Jonction, Beauce.

BOILY, Louise; Saint-Joseph de Beauce.

BOILY, Sylvie; Saint-Odilon de Dorchester.

BOLDUC, Antonio; Beauceville, Beauce.

BOLDUC, Mme Antonio (Agathe Bolduc); Beauceville, Beauce.

BOLDUC, Mme Armand (Corinne Poulin); Beauceville, Beauce.

BOUTIN, Odette; Tring-Jonction, Beauce.

CARON, Diane; Saint-Joseph de Beauce.

CARON, Gilles; Saint-Joseph de Beauce.

CARON, Mme Léandre (Eloise Laflamme); Saint-Joseph de Beauce.

CHAMPAGNE, Mario; Vallée-Jonction, Beauce.

CHAMPAGNE, Paule; Saint-Joseph de Beauce.

CHAMPIGNY, Johanne; Tring-Jonction, Beauce.

CLOUTIER, Pierre; Vallée-Jonction, Beauce.

DOYON, Mme Hermel (Irène Vachon); Saint-Joseph de Beauce.

DROUIN, Bertrand; Saints-Anges de Beauce.

FECTEAU, Hélène; Saints-Anges de Beauce.

FECTEAU, Hervé; Sainte-Marie de Beauce.

FERLAND, Alcide; Saint-Séverin de Beauce.

FERLAND, Mme Alcide (Olida Pomerleau); Saint-Séverin de Beauce.

GIGUÈRE, Gédéon; Saint-Joseph de Beauce.

GIGUÈRE, Jean-Thomas; Vallée-Jonction, Beauce.

Monsieur Léonce Vachon,
Saint-Joseph

GIGUÈRE, Mme Jean-Thomas (Mariette Cloutier), Vallée-Jonction, Beauce.

GIGUÈRE, Sylvain; Saint-Joseph de Beauce.

GILBERT, Philibert; Saint-Frédéric de Beauce.

GILBERT, Mme Philibert (Anne-Marie Rhéaume); Saint-Frédéric de Beauce.

GOSSELIN, Bertrand; Saint-Joseph de Beauce.

GRÉGOIRE, Mme Alphonse (Dolorosa Drouin); Saints-Anges de Beauce.

GRENIER, Pauline; Saints-Anges de Beauce.

GROLEAU, Daniel; Saint-Jules de Beauce.

HAINS, Richard; Saint-Odilon de Dorchester.

JACOB, Mme Armand (Gertrude Nadeau); Vallée-Jonction, Beauce.

JACQUES, Armand; Tring-Jonction, Beauce.

JACQUES, Mme Armand (Françoise Poulin); Tring-Jonction, Beauce.

JACQUES, Mme Joseph (Joséphine Bernard); Saint-Joseph de Beauce.

JACQUES, Luce; Tring-Jonction, Beauce.

LABBÉ, Mme Agenor (Émérencienne Doyon); Vallée-Jonction, Beauce.

LABBÉ, Mme Fernand (Adéla Nadeau); Saints-Anges de Beauce.

LABBÉ, Joseph (Cyrille); Vallée-Jonction, Beauce.

LABBÉ, Line; Vallée-Jonction, Beauce.

LABBÉ, Maurice; Vallée-Jonction, Beauce.

LABBÉ, Mme Maurice (Aline Couture); Vallée-Jonction, Beauce.

LABBÉ, Mme Paul (Jeanne d'Arc Lambert); Tring-Jonction, Beauce.

LACHANCE, Alphonse; Saint-Séverin de Beauce.

LACHANCE, Mme Alphonse (Marie-Anna Jacques); Saint-Séverin de Beauce.

LACHANCE, Christiane; Vallée-Jonction, Beauce.

LAFLAMME, Micheline; Saint-Joseph de Beauce.

LAFLAMME, Arthur; Saint-Joseph de Beauce.

LAFLAMME, Mme Arthur (Lucina Labbé); Saint-Joseph de Beauce.

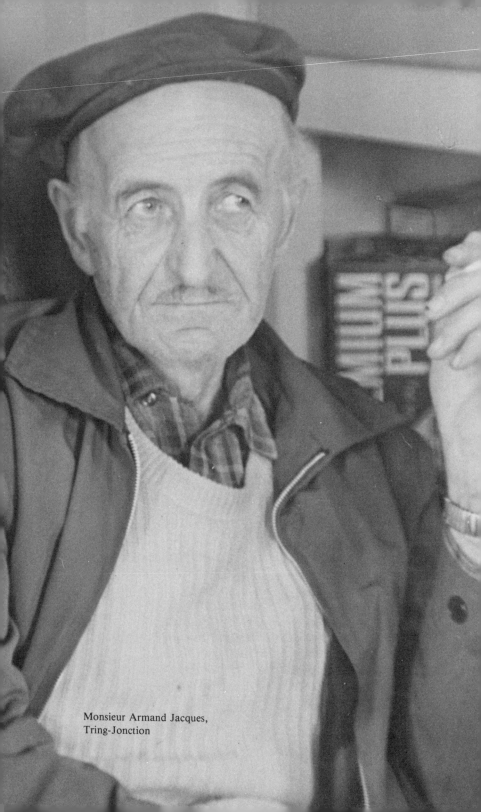

Monsieur Armand Jacques,
Tring-Jonction

LAGRANGE, Mme Joseph (Yvonne Drouin); Sainte-Marie de Beauce.

LAMBERT, Sylvie (Robert); Saint-Joseph de Beauce.

LAMBERT, Mme Théodore (Claire-Hélène Dulac); Sainte-Marie de Beauce.

LEBLOND, Mme Liguori (Régina Labbé); Sainte-Marie de Beauce.

LECLERC, Mario; Vallée-Jonction, Beauce.

LESSARD, Mme Clément (Lorraine Trucotte); Vallée-Jonction, Beauce.

LESSARD, Roméo; Vallée-Jonction, Beauce.

LESSARD, Thomas; Saint-Joseph de Beauce.

LESSARD, Mme Thomas (née Gilbert); Saint-Joseph de Beauce.

LOUBIER, Napoléon; Beauceville, Beauce.

MAHEUX, Mme Jean-Louis (Rita Nadeau); Saint-Joseph de Beauce.

MORENCY, Corinne; Vallée-Jonction, Beauce.

NADEAU, Georges-Henri; Vallée-Jonction, Beauce.

NADEAU, Jean-Narcisse; Vallée-Jonction, Beauce.

NADEAU, Lina; Saint-Frédéric de Beauce.

NADEAU, Linda; Saint-Séverin de Beauce.

NADEAU, Mme Wilfrid (Catherine Doyon); Vallée-Jonction, Beauce.

PARÉ, Joseph B.; Tring-Jonction, Beauce.

PARÉ, Mme Joseph B. (Ernestine Gilbert); Tring-Jonction, Beauce.

POIRIER, Anyse; Saint-Joseph de Beauce.

POULIN, Mme Charles (née Bouchard); Vallée-Jonction, Beauce.

POULIN, Eugène; Saint-Joseph de Beauce.

POULIN, Hélène; Beauceville, Beauce.

POULIN, Jocelyne; Beauceville, Beauce.

POULIN, Line; Saint-Joseph de Beauce.

POULIOT, Mme Antonio (Jeannette Leblond); Saints-Anges de Beauce.

POULIOT, Danielle; Saint-Odilon de Dorchester.

POULIOT, Francine; Vallée-Jonction, Beauce.

RICHARD, Gédéon; Saint-Séverin de Beauce.

Monsieur Alcide Ferland,
Saint-Séverin

RICHARD, Valéda; Saint-Séverin de Beauce.
ROY, Nicole; Tring-Jonction, Beauce.
ROY, Valère; Vallée-Jonction, Beauce.
TURMEL, Mme Aurèle (Angéline Boily); Saints-Anges de Beauce.
VACHON, Albert; Tring-Jonction, Beauce.
VACHON, Alfred; Vallée-Jonction, Beauce.
VACHON, Camille; Saints-Anges de Beauce.
VACHON, Germain; Saint-Odilon de Dorchester.
VACHON, Ginette; Saint-Odilon de Dorchester.
VACHON, Léonce; Saint-Joseph de Beauce.
VACHON, Wilfrid; Tring-Jonction, Beauce.
VACHON, Mme Wilfrid (Marie-Anna Jacques); Tring-Jonction, Beauce.

BIBLIOGRAPHIE

I. SOURCES ORALES
(Voir Liste des informateurs)

II. SOURCES IMPRIMÉES

A. *Ouvrages cités*

BARBEAU, Marius. *L'Arbre des Rêves*. Collection Humanitas. Montréal, les Éditions Lumen, (c. 1947). 189 p.

BRICOURT, J., directeur. *Dictionnaire pratique des connaissances religieuses*. Tome V. Paris, Letouzey et Ané, 1927.

DOYON, Madeleine. "Les rites de la mort, dans la Beauce". Dans *Journal of American Folklore*, Vol. 67 (April-June, 1954), no 264. pp. 137-146.

DU BERGER, Jean. *Les légendes d'Amérique française;* première partie : textes. Québec, Université Laval, Archives de Folklore -- Les Presses de l'Université Laval, 1973. 300 p. (Dossiers de documentation des Archives de Folklore de l'Université Laval, III).

DUPONT, Jean-Claude, *Le légendaire de la Beauce*. Québec, Garneau, 1974. 149 p.

FERRON, Madeleine et Robert Cliche. *Quand le peuple fait la loi*. Montréal, Hurtubise, 1972. 222 p.

JONES, C. "The Ghosts of New-York : an analytical study". Dans *Journal of American Folklore*. vol. 57, no. 226 (october-december, 1944). pp. 237-254.

JUGIE, Martin. *Le purgatoire et les moyens de l'éviter*. IIe éd. Paris, Lethielleux, 1940. 394 p.

LEBRAZ, Anatole. *La légende de la Mort.* 2 vol. Paris, Librairie Ancienne et Éditions Honoré Champion, 1945. 347 p. et 455 p.

MICHEL, Jean. *La vie, la mort, les morts.* Paris, Fayard, 1959. 175 p. (Bibl. Ecclésia)

MONDOU, Siméon. *Les cimetières catholiques de Montréal.* 3e éd. Montréal, Imprimerie du Messager, 1911. 125 p.

ROUZIC, Louis. *La Maison.* Paris, Pierre Téqui, Libraire-Éditeur, 1924. 319 p.

---. *Le purgatoire; pour nos morts et avec nos morts.* 4e éd. Paris, Pierre Téqui, 1922, 454 p.

ROY, Carmen. *Littérature orale en Gaspésie.* Ottawa, Musée national du Canada, 1955. 389 p.

SAINT-MAURICE, Faucher de. *A la veillée; contes et récits.* Québec, Darveau, 1877. 199 p.

SÉBILLOT, Paul. *Le Folklore de France.* Tome Premier; *le Ciel et la Terre.* Paris, E. Guilmoto, Éditeur, 1904. 489 p.

B. *Ouvrages consultés*

BENOIT de J., M.-J.-S. *Livre d'or des Ames du purgatoire.* Québec, l'Action Sociale Limitée, 1926. 286 p.

BERNARD, Antoine. *La Gaspésie au soleil.* Montréal, Clercs de St-Viateur, 1935. 332 p. ill., cartes.

CHIASSON, Anselme. *Les légendes des îles de la Madeleine.* Moncton, Éditions des Aboiteaux, 1969. 123 p.

DE BARBEZIEUX. *Le chrétien en retraite.* 3e éd. Paris, Pierre Téqui, Libraire-Éditeur, 1921. 470 p.

DICTIONNAIRE DE THÉOLOGIE CATHOLIQUE. Commencé sous la direction de A. Vacant, continué sous celle de E. Mangenot et E. Amann. Paris, Letouzey et Ané, 1908-1946. 15 v. ill.

FERLAND, J.B.A. *La Gaspésie.* Québec, Côté et cie, 1877. 300 p.

GARRIGUET, L. *Nos chers morts; essai sur le purgatoire.* Paris, Bloud et Gay, 1915. 301 p.

LAROCHE, Mgr. *Oeuvres oratoires et pastorales de Mgr. Laroche.* Publiées par M. L'abbé Surcin. 2e éd. Tome I : *Le Dogme catholique.* Langres, Maîtrier et Courtot, 1901. 471 p.

MULLEN, Patrick B. "The Relationship of Legend and Folk Belief". Dans *Journal of American Folklore.* Vol. 84 (oct.-dec. 1971), no 334. pp. 406-413.

POTVIN, Damase. *Le Saint-Laurent et ses îles.* Montréal, Bernard Valiquette [1940]. 413 p.

RIVARD, Adjutor. *Chez nos gens*. Québec, Édition de l'Action sociale catholique, 1918. 135 p.

SABATIER, Robert. *Dictionnaire de la mort*. Paris, Albin Michel, 1967. 540 p.

SAINT-MAURICE, Faucher de. *A la brunante; contes et récits*. Montréal, Duvernay et Dansereau, 1874. 349 p.

SOEUR MARIE-URSULE. *Civilisation traditionnelle des Lavalois*. Québec, P.U.L., 1951, 403 p.

VAN GENNEP, Arnold. *La Formation des légendes*. Paris, Flammarion, 1920. 326 p.

VAN GENNEP, Arnold. *Manuel de folklore français contemporain*. Tome Premier. II. *Du Berceau à la tombe* (fin). Paris, Éditions A. et J. Picard et Cie, 1946. 830 p.

VARAGNAC, André. *Civilisation traditionnelle et genres de vie*. Coll. Sciences d'aujourd'hui. Paris, Albin Michel [c 1948]. 402 p.

VIGOUROUX, Fulcran Grégoire. *Dictionnaire de la Bible*. 5 vol. Tome V, 1re partie; PE-RUTH. Paris, Letouzey et Ané, 1895.

LEXIQUE

APRÈS : A même, le long de, contre.

ASTHEURE : A cette heure, à présent, maintenant.

BOILER (angl.) : Chaudière à vapeur, bouilloire.

BRUN : Crépuscule, brume.

CABANE À SUCRE : Maisonnette érigée dans une forêt d'érables et dans laquelle se fabrique le sucre d'érable.

CABAS : Bruit, tapage.

CÂLICE : Juron.

CALOTTE : Casquette.

CAMP (sacrer son) : S'échapper, se sauver, s'en aller.

CARREAUTÉ : A carreaux.

CENTRIFUGE : Écrémeuse, centrifugeur.

CHAR : Automobile.

CLENCHER : Lever la clenche d'un loquet.

CONNAISSANCE : Sensations diverses qu'un humain perçoit en présence d'un trépassé.

CORDE : Pile de bois.

COURIR LES ÉRABLES : Aller d'érable en érable, pour en recueillir la sève.

CRÉ : Abréviation et atténuation du sacré, dans les jurons.

DÉCIDE (être en) : Discuter avec un autre ou avec soi-même (si l'on fera cette chose).

EFFRAYANT : D'une manière extraordinaire.

ÉPEURANT : Qui effraye, qui fait peur.

ESCOUER : Secouer.

FRICASSÉ : Être détruit, brisé.

GANG (angl.) : Bande, troupe, bon nombre.

JOB (angl.) : Travail, emploi.

MAGANER : Maltraiter, malmener quelqu'un.

MOUMAN : Maman.

PANTOUTE : Pas du tout.

PÂR : Parc d'animaux.

PAREIL COMME : Pareil à, tout comme.

PESANTEMENT : Pesamment.

PIÈCE : Bille pour faire une poutre.

PIÉTONNER : Piétiner, remuer les pieds sur place.

PILOTTER : Piétiner, fouler aux pieds.

PLANCHES : Lit de parade sur lequel on expose un mort.

POISON : Senteur pénétrante, caractéristique d'une fosse de cimetière.

RAJEVER : Achever, rachever.

RAQUETTEUR : Personne qui marche en raquettes.

REPONNER : Répondre.

RESPIR : Respiration, souffle, soupir.

RESTE : Fatigué, exténué, rendu à bout.

SERVICE : Funérailles.

SILER : Respirer difficilement, en sifflant.

SUCRERIE : Forêt d'érables exploitée pour la fabrication du sucre, du sirop.

SUCRIER : Homme travaillant à la fabrication des produits de l'érable.

SUS : Sur.

TASSERIE : Partie de la grange où l'on tasse le foin la paille, les gerbes.

TEHOURS : Toujours.

TRAIN : Soin donné aux animaux, à l'étable.

TRAÎNE DE ROCHES : Traîneau lourd et bas servant à transporter les pierres dans le champ nouvellement labouré.

TREMPE : Trempé, mouillé, détrempé, humide.

VEILLER : Passer la soirée.

TABLE
DES
MATIÈRES

Composé en English Times corps 10 aux Ate-
liers Sigma Plus, cet ouvrage a été achevé d'imprimer le 27 novembre 1977 sur les presses de
l'Action sociale pour le compte des Éditions du
Boréal Express.